교회와 성막

교회와 성막

교회와 성막
2024년 11월 6일 초판 1쇄 발행

지은이 | 정태윤
출판단체 | Evanbro Bible Ministry(복음주의 형제회)
EBM 한국지부 대표 | 임무광

발행인 | 이창우
기획편집 | 이창우
표지 디자인 | 이창우
본문 디자인 | 이창우
교정·교열 | 이창우

펴낸곳 | 도서출판 카리스 아카데미
주소 | 세종시 시청대로 20 아마존타워 402호
전화 | 대표 (044)863-1404(한국 키르케고르 연구소)
편집부 | 010-4436-1404
팩스 | (044)863-1405
이메일 | truththeway@naver.com

출판등록 | 2019년 12월 31일 제 569-2019-000052호

목차

서론

교회와 성막과의 관계

기독교의 교회에 대하여 많은 사람들이 "교회가 부패했다. 교회가 세속화되었다"라고 교회를 경멸하거나 비판하고 있다. 그러나 신약교회의 모습을 성서에서 살펴보면 가장 거룩하고 성결한 존재이다. 교회는 건물과 사람들이 보이는 가시적 교회가 있고, 불가시적 교회, 곧 중생한 사람들만의 모임이 있다. 이들만이 성서적 교회이다. 모든 가시적 교회를 통틀어서 기독교의 교회로 간주해서는 결코 안 된다.

교회에 대해서 신약 성경은 "예수 그리스도의 몸"이라고 기록하고 있다. "교회는 그의 몸이니 만물 안에서 만물을 충만케 하시는 자의 충만이니라"(엡 1:23). 그리고 예수님의 몸은 "성전"이라고 기록하고 있다. "그러나 예수는 성전 된 자기 육체를 가리켜 말씀하신 것이라"(요 2:21). 이렇듯 교회란 곧 하나님의 "성전"인 것을 알 수 있다. 바울은 더욱 직접적으로 교회가 하나님의 성전임을 이렇게 기록하고 있다. "너희가 하나님의 성전인 것과 하나님의 성령이 너희 안에 거하시는 것을 알지 못하느뇨 누구든지 하나님의 성전을 더럽히면 하나님이 그 사람을 멸하시리라 하나님의 성전은 거룩하니 너희도 그러하니라"(고전 3:16-17). 그뿐만 아니라 성도들 개개인의 몸도 성전이다. "너희 몸은 너희가 하나님께로부터 받은바 너희 가운데 계신 성령의 전인 줄을 알지 못하느냐 너희는 너희의 것이 아니라 값으로 산 것이 되었으니 그런 즉 너희 몸으로 하나님께 영광을 돌리라"(고전 6:19-20).

그러므로 성전은 더 이상한 구조물이 아니라 그리스도의 인격체이며 교회의 모형이며 성도들의 인격체임을 알 수 있다. 또한 죄인들의 구원이 이루어진 현장에 대한 모형이다. 그것이 "모형과 그림자"이기 때문에(히 8:5) 지금은 다 사라져 버렸지만, 그 뿌리 곧 정신은 우리에게 지금 역사하고 있다. 왜냐하면 예수님께서 이를(성전의 일을) 다 이루셨고 우리가 그 열매가 되었기 때문에 구원, 교회, 예배에 대하여 그 근본정신을 알기 위해서는 "모형과 그림자"로 돌아가서 살펴보아야 하는 것이다.

우리가 그 열매가 되었다는 것은 "우리"가 결국 "제사장들"이 되었기 때문이다. "오직 너희는 택하신 족속이요 왕 같은 제사장들이요 거룩한 나라요 그의 소유된 백성이니 이는 너희를 어두운 데서 불러내어 그의 기이한 빛에 들어가게 하신 자의 아름다운 덕을 선전하게 하려 하심이라 너희가 전에는 백성이 아니더니 이제는 하나님의 백성이요 전에는 긍휼을 얻지 못하였더니 이제는 긍휼을 얻은 자니라"(벧전 2:9-10). "저희로 우리 하나님 앞에서 나라와 제사장을 삼으셨으니 저희가 땅에서 왕 노릇하리로다 하더라"(계 5:10). 이와 같이 성전, 그리스도, 교회, 성도들, 제사장들의 관계는 "한 몸"의 관계이다.

좀 더 넓은 의미에서 "메시아"를 안다는 것은 먼저 구약 예언의 말씀을 알아야 한다는 뜻이다. 그것이 예수님께서 말씀하신 길이기 때문이다. "너희가 성경에서 영생을 얻는 줄 생각하고 성경을 상고하거니와 이 성경이 곧 내게 대하여 증거하는 것이로다"(요 5:39). "모세를 믿었더면 또 나를 믿었으리니 이는 그가 내게 대하여 기록하였음이라. 그러나 그의 글도 믿지 아니하거든 어찌 내 말을 믿겠느냐 하시니라"(요 5:46-47). "선지자의 글에 저희가 다 하나님의 가르치심을 받으리라 기록되었은즉 아버지께 듣고 배운 사람마다 내게로 오느니라"(요 6:45).

이스라엘 백성이 출애굽 한 후 무엇보다 먼저 만 일 년 만에 "성막" 건설을 마치게 하신 하나님의 뜻은 대단히 분명한 것이다. 그것이 "그리스도" "교회" "성도"와 "예배"의 모형이었기 때문이다. 그러므로 우리는 다음과 같이 간략하게 표현할 수 있을 것 같다.

"그리스도=성전 +교회 + 성도 + 구원 + 예배"라고. 곧 예수 그리스도께서는 "성전" + "교회" + "성도" + "구원" + "예배"의 총체가 되시는 것이다. 이제 우리는 왜 하나님께서 성전을 그처럼 귀하고 특별하게 여기셨고 지금은 다 사라져 없어지게 하셨는지 살펴볼 필요가 있다. 성전이 곧 그리스도의 몸이고 성도들의 몸이다.

제1장

성막: 신약교회의 모형

I. 신약 교회의 성취: 구약의 성막은 그림자로서 신약의 교회에서 그 의미가 성취되었다.

A. 신약 성경에 언급된 성막(성전)의 내용들

1. 성전은 그리스도의 몸이다. (요 2:21)

2. 성전은 교회이다. (고전 3:16-17)

3. 성전은 성도이다. (고전 6:19)

4. 성전은 전능하신 하나님과 어린양이다. (계 21:22)

5. 성막은 "구속"의 궁극적 성취, 목표를 나타낸다. (계 21장)

6. 결론: 성전은 "구조물(構造物)"이 아니라 "인격체(Person)"이다.

"성막"은 교회, 성도, 구원, 예배, 구원의 믿음을 나타내는 모형이다. 곧 "성막" = 교회 + 성도 + 구원 + 예배 + 믿음이라고 볼 수 있다. 따라서 기독교의 가장 중요한 모든 핵심 교리를 포함하고 있다.

B. 성막이 교회의 모형으로 기록된 신약 성경구절들

1. 요한복음 2장 21절 , "그러나 예수는 성전 된 자기 육체를 가리켜 말씀하신 것이라"

　이 내용은 15절부터 살펴보아야 할 것이다.

　15절: 성전을 깨끗하게 청소하심

16절: "아버지의 집"으로 장사하는 집을 만들지 말라.

17절: "주의 전을 사모하는 열심히 너를 삼키리라" 한 것을 기억하더라.

시편 69:9절 말씀의 인용이다. 그리고 "열심"이라는 말은 출 20:5절의 "질투"라는 말과 같다(히브리어 신약성경). "질투"[canna(קַנָּא)]라는 (이와 같은 모음 포인트의) 말은 구약 성경에서 오직 "여호와 하나님"께만 사용되고 있다(출 20:5; 출 34:14; 신 4:24; 신 5:9; 신 6:15; 수 24:19; 나훔 1:2). (이상에서 보는 바와 같이 모음 포인트들로 표기되었을 때) 이스라엘 백성의 "배도"나 "불경한 예배"에 대한 하나님의 반응(붉은 얼굴)을 표현하고 있다. 이 구절의 가장 중요한 점은 이 내용이 13절에서 시작하고 있다는 점이다. "유대인의 유월절이 가까운지라 예수께서 예루살렘으로 올라 가셨더니"(요 2:13). 이는 예수님이 바로 "유월절 어린양"[제물]이며(고전 5:7), 어린양을 제물로 드리는 대제사장이시다는 사실을 증거한다. 당연히 "성전의 거룩성"의 주인이시다. 이 "거룩함"이 또한 "교회"에도 적용된다. "경건한 백성"은 (특히 메시아는) 열정('질투')에 의하여 삼킨 바 되어서 예배의 순수성을 지키고 하나님의 모든 말씀을 순종함으로 하나님을 높이는 자들이다(시 69:9; 시119:139) (Harris, Archer, Waltke, Theological Wordbook of the Old Testament, p. 803).

2. 고린도 전서 3장 16절-17절

"16너희가 하나님의 성전인 것과 하나님의 성령이 너희 안에 거하시는 것을 알지 못하느뇨 17누구든지 하나님의 성전을 더럽히면 하나님이 그 사람을 멸하시리라 하나님의 성전은 거룩하니 너희도 그러하니라" 이 구절은 성전과 성도에 관하여 다음과 같은 많은 중요한 내용을 기술하고 있다.

(1) 너희가 하나님의 성전이다.

(2) 하나님의 성령이 너희 안에 거하신다.

(3) 누구든지 하나님의 성전을 [교회를] 더럽히면 하나님께서 이 자를 [더럽게 하는 것을] 멸하신다: "하나님의 성전은 절대 성결하다!" 성전과 성도의 관계를 나타내는 분명한 구절 중 하나이다. 또한 "성전"에의 접근 제한에서 그 "거룩성"을 보이고 있다. "[23][흠 있는 제사장은] 장안에 들어가지 못할 것이요 단에 가까이 못 할지니 이는 그가 흠이 있음이라. 이와 같이 그가 나의 성소를 더럽히지 못할 것은 나는 그들을 거룩하게 하는 여호와임이니라"(레 21:23). (참조: 레 10:1-3; 민 1:47-53; 민 3:10; 민 3:38; 민 4:15,19) "교회"와 "그리스도"는 한 몸일 뿐 아니라 "한 영"이다. 그리스도께서 "거룩하신 분" 이시면 "교회도 거룩하다" "성전"은 문자적으로 "거룩한 곳"이다. 하나님 아버지의 집이기 때문이다.

3. 고린도 후서 6장 16절

"하나님의 성전과 우상이 어찌 일치가 되리요 우리는 살아 계신 하나님의 성전이라 이와같이 하나님께서 가라사대 내가 저희 가운데 거하며 두루 행하여 나는 저희 하나님이 되고 저희는 나의 백성이 되리라 하셨느니라."

교회의 많은 모습 중에서 고후 6:14-18절 말씀은 특별히 "교회의 모습"을 극명하게 보여주고 있는 구절이다. "너희는 믿지 않는 자와 멍에를 같이하지 말라 의와 불법이 어찌 함께하며 빛과 어두움이 어찌 사귀며, 그리스도와 벨리알이 어찌 조화되며 믿는 자와 믿지 않는 자가 어찌 상관하며, 하나님의 성전과 우상이 어찌 일치가 되리요 우리는 살아 계신 하나님의 성전 이라 이와같이 하나님께서 가라사대 내가 저희 가운데 거하며 두루 행하여 나는 저희 하나님이 되고 저희는 나의 백성이 되리라 하셨느니라. 그러므로 주께서 말씀하시기를 너희는 저희 중에서 나와서 따로 있고 부정한 것을 만지지 말라 내가 너희를 영접하여, 너희에게 아버지가 되고 너희는 내게 자녀가 되리라 전능하신 주의 말씀이니라 하셨느니라"(고후 6:14-18). 교회의 가장 뚜렷한 특성은 "분리"(separation)이다. 세속화에 의해서 이 "분리"가 사라진 것이 현대교회의 큰 문제이다.

4. 고린도 전서 6장 17절-20절

"[17]이와 같이 주님과 연합된 자는 주님과 한 영이니라 [18]음행을 피하라 사람이 범하는 죄마다 몸 밖에 있거니와 음행하는 자는 자기 몸에게 죄를 범하느니라 [19]너희 몸은 너희가 하나님께로부터 받은바 너희 가운데 계신 성령의 전인 줄을 알지 못느냐 너희는 너희의 것이 아니라 [20]값으로 산 것이 되었으니 그런즉 너희 몸으로 하나님께 영광을 돌리라." 각 성도의 몸이 또한 "성전"이다. 이제, 우리는 "성전"이란 "절대 거룩한 상태"라는 것을 확인하게 되었고, 구약 성경은 이 사실을 "예표" 혹은 "그림자"로 보여주고 있으며, 그 "성전"이 부패되었을 때 이스라엘 백성은 멸망된 사실을 기록하고 있다.

5. 요한계시록 21장

중요한 점은 계시록 21장은 "하나님의 장막"과 "어린 양의 아내"에 관한 모습이다.

3절-7절, "³내가 들으니 보좌에서 큰 음성이 나서 가로되 보라 **하나님의 장막**이 사람들과 함께 있으매 하나님이 저희와 함께 거하시리니 저희는 하나님의 백성이 되고 하나님은 친히 저희와 함께 계셔서 ⁷이기는 자는 이것들을 유업으로 얻으리라 나는 저의 하나님이 되고 그는 내 아들이 되리라"[**하나님과 백성의 부자(父子) 관계**]

8절, "⁸그러나 두려워하는 자들과 믿지 아니하는 자들과 흉악한 자들과 살인자들과 행음자들과 술객들과 우상 숭배자들과 모든 거짓말하는 자들은 불과 유황으로 타는 못에 참예하리니 이것이 둘째 사망이라"[**교회의 성별**, 가라지와 알곡과의 영원한 분리]

"교회"란 "하나님의 장막"이고 "어린양의 신부"이다. "성결"이 그 관계의 필수요소이다. 죄악과 속된 것들의 접근 불가가 그 특색이다. 동시에 "교회"와 "신자"의 신분보장과 안전이 절대 확보된다.

16절, "¹⁶그 성은 **네모가 반듯하여 장광이 같은지라** 그 갈대로 그 성을 척량하니 일만 이천 스다디온이요 장과 광과 고가 같더라"- 정확하게 "성막의 모습"이며 정사각형이다.

18절-20절, "¹⁸그 성곽은 벽옥으로 쌓였고 그 성은 정금인데 맑은 유리 같더라 ¹⁹그 성의 성곽의 기초석은 각색 보석으로 꾸몄는데 첫째 기초석은 벽옥이요 둘째는 남보석이요 세째는 옥수요 네째는 녹보석이요 ²⁰다섯째는 홍마노요 여섯째는 홍보석이요 일곱째는 황옥이요 여덟째는 녹옥이요 아홉째는 담황옥이요 열째는 비취옥이요 열 한째는 청옥이요 열 두째는 자정이라"- 이 구절은 출애굽기 28장에 기록된 대제사장의 의복과 유사한 내용이다. 출 28:15-29 (영원한 기념)

　22절 "²²성안에 성전을 내가 보지 못하였으니 이는 주 하나님 곧 전능하신 이와 및 어린 양이 그 성전 이심이라". 따라서 성전은 인격체(人格體)이며 하나님, 독생자, 각 성도, 교회의 모형(模型, type)이다.

1. 히브리신약성경은 "주 하나님"을 "여호와"로 기록하고 있다.
2. 하나님과 어린양, 곧 주 예수 그리스도께서 친히 "성전"임을 확인 하고 있다.

　23절-27절 "²³그 성은 해나 달의 비췸이 쓸데 없으니 이는 하나님의 영광이 비취고 어린양이 그 등이 되심이라 ²⁴만국이 그 빛 가운데로 다니고 땅의 왕들이 자기 영광을 가지고 그리로 들어오리라 ²⁵성문들을 낮에 도무지 닫지 아니하리니 거기는 밤이 없음이라 ²⁶사람들이 만국의 영광과 존귀를 가지고 그리로 들어오겠고 ²⁷무엇이든지 속된 것이나 가증한 일 또는 거짓말하는 자는 결코 그리로 들어오지 못하되 오직 어린 양의 생명책에 기록된 자들뿐이라"—이 내용은 "접근 제한"과 동시에 "교회, 성도, 구원"의 절대 안전 을 보장하고 있는 내용이다.

　하나님께서 모세에게 보여주신 "성막"과 "성막제도"를 알아야할 이유들은 다음과 같다.

⑴ 신약 교회는 구약 성소의 "실체" 곧 "원형" (antitype) 이며, 구약의 "성소"는 "모형(模型)" 곧 "타이프(type)" 이다.

"모형론(Typology)"이란 다음과 같은 의미이다. 성서적 진리가

    a. 홍수와 침례와 같은 두개의 역사적 사건들 간에 상호 연결성이 있음을 보여 주고 있다(상통성)(벧전 3:21).

    b. 하늘의 원형과 땅의 대칭물을 보여주고 있다. 예를 들면 하늘의 원형 배경에 있는 땅의 장막 곧 성막(행 7:44; 히 8:5, 9:24)등에 표현되고 있다

이러한 모형론은 상징이나 풍유와는 다르다. 상징은 추상적 상통성인 반면 모형은 실존 적 역사와 인물이다. 풍유(諷諭, allegory)는 두개의 다른 개체를 비교하는 것이고 비유(이야기)형태이거나 상징적 표현의 길 연장을 의미한다. 반면, 모형론은 두개의 역사적 개체 사이의 특수한 병행(竝行)성을 가지고 있다. 풍유는 간접적이고 은유적이며 후자는 직접적이고 명시적이다.

그러므로 성서적 모형론이란 동질적(同質的) 상통성(相通性)을 뜻하며, 구속사(救贖史)에 있어서 이전의 사건, 인물 및 장소들이 이것들에 의해서 이후의 사건, 인물 및 장소를 해석하는 모형이 되는 것이다(Evangelical Dictionary of Theology, Walter A. Elwell, ed., Baker. 1984). 그러므로 성막은 그리스도와 성도와 교회와 구원과 성도의 예배의 모형이 된다. (Tabernacle is a type of Christ, saints, church, salvation, and worship of believers.)

만약 신약 교회의 참 모습이나 신약 성도의 참 모습이나 구원의 믿음을 확인하려면 "모형"으로 먼저 돌아가야한다. 구약의 모형에 대한 신약 성경 말씀을 살펴보면:

"²³그러므로 하늘에 있는 것들의 **모형**(模型)은 이런 것들로써 정결케 할 필요가 있었 으나 하늘에 있는 그것들은 이런 것들보다 더 좋은 **제물**로 할지니라 ² 그리스도께서는 참것의 그림자인 손으로 만든 **성소**에 들어가지 아니하시고 오직 참 하늘에 들어가사 이제 우리를 위하여 하나님 앞에 나타나시고 ²⁵**대제사장**이 해마다 다른 것의 피로써 **성소**에 들어가는 것같이 자주 자기를 드리려 아니하실지니 ²⁶그리하면 그가 세상을 창조할 때부터 자주 고난을 받았어야 할 것이로되 이제 자기를 단 한번에 **제사**로 드려 죄를 없게 하시려고 세상 끝에 나타나셨느니라"(히 9:23-26).

그리스도와 구약의 "성막 제도"에 사용된 단어들이 얼마나 많이 서로 상관되어 사용되고 있는가? "**율법은 장차 오는 좋은 일의 그림자요 참 형상**이 아니므로 해마다 늘 드리는 바 같은 **제사** 로는 나아오는 자들을 언제든지 온전케 할 수 없느니라"(히 10:1). "저가 한 제물로 **거룩하게 된 자들**을 영원히 온전케 하셨느니라"(히 10:14)."이것을 사하셨은즉 다시 죄를 위하여 **제사** 드릴 것이 없느니 라"(히 10:18).

⑵ 성막은 종말의 성도들에게 주는 분명한 메시지이기 때문이다.

신약성경에서 "성전" (naos) 라는 단어가 50 회 언급되고 있는데 그중 계시록에 1/3이 언급되고 있다. 위의 내용을 요한은 다음과 같이 선명하게 한 문장으로 표현하고 있다. "**율법은 모세로** 말미암아 주신 것이요 **은혜와 진리는 예수 그리스도로** 말미암아 온 것이라"(요 1:17).

"율법의 행위로" 구원을 받을 수 있다면 "예수 그리스도의 은혜와 진리"는 무익하다(갈5:4). 그러나 "그리스도의 은혜와 진리"는 처음 하나님께서 모세에게 계시해 주신 것이다. "⁵ 여호와께서 구름 가운데 강림하사 그와 함께 거기 서서 여호와의 이름을 반포 하실새 ⁶여호와께서 그의 앞으로 지나시며 반포하시되, 여호와로라 여호와로라. 자비 롭고 은혜롭고 노하기를 더디하고 **인자와 진실이 많은 하나님이로라**"(출 34:5-6). 요한복음 1:14, 17 절의 "은혜와 진리"는 정확하게 **출 34:6**절 말씀의 "인자와 진실", "헤세드" 와 "에멧트"[חֶסֶד וֶאֱמֶת] 이다. 모세에게 나타내신 **"하나님의 성품인 '인자'와 '진리'**의 성육신(成肉身)이 곧 "예수 그리스도"였다는 것이다.

율법의 완성이 예수 그리스도이고(마 5:17), **성막은 그리스도의 몸이다**(요 2:21; 히 9:24; 계 21:22) 이와 같이 "**예수 그리스도의 은혜와 진리**"를 계시하신 모형은 모세의 율법과 성막이다. 왜냐하면 성경은 "성전"이 "예수 그리스도의 몸"(요 2:21)이라고 증거하고 있기 때문이다. 뿐만 아니라 "주 하나님 곧 전능하신 이와 및 어린양이 그 성전 되심이라"(계 21:22)고 증거하고 있다.

참고로 "초막" 곧 "장막"에(스키니, σκηνή) 대하여 언급된 구절들을 살펴보면: 마 17:4; 막 9:5; 눅 9:33; 행7:43,44; 15:16(참장막); 히 8:2, 5(저희가 섬기는 것은 하늘에 있는 것의 모형과 그림자라 모세가 장막을 지으려 할 때에 지시하심을 얻음과 같으니 가라사대 삼가 모든 것을 산에서 네게 보이던 본을 좇아 지으라); 히9:2, 3, 6, 8, 21; 11:9; 히 13:10; 계 13:6(장막 곧 하늘에 거하는 자들); 계15:5; 21:3(하나님의 장막이 사람과 함께); 고후 5:1, 4(σκηνή); 행 7:46(하나님의 처소); 벧후 1:13, 14[장막(스키노마티)]; 요 7:2[초막절(스키노피기아, Σκηνοπηγία].

"성전"(Temple): (1) Hieron 46회. (2) Naos 50회(마태복음 9회, 막 3회. 눅 4회. 요 3회. 행 4회. 고전 4회. 고후 6회. 엡 1회. 살후 1회. 계시록 15회) 그리고 "장막을 치다"는 의미로는 요 1:14절 "거하시니"[skinoou(σκηνόω)]이다.

II. 신약 교회의 모습

A. 신약 교회의 성격[특성]들을 나타내는 표현들

1. "믿는 사람들의 모임"으로서 "교회"이다.

이는 교회의 가장 보편적 정의이며 따라서 교회는 "제도(institution)"
가 아니다.

2. 그리스도의 몸 곧 그리스도와 한 몸을 이룬 사람들이다. 즉 "그리스도 안에" 있는 사람들이다.

"[15]너희 몸이 그리스도의 지체인 줄을 알지 못하느냐 내가 그리스도의
지체를 가지고 창기의 지체를 만들겠느냐 결코 그럴 수 없느니라 [16]창기와
합하는 자는 저와 한 몸인 줄을 알지 못하느냐 일렀으되 둘이 한 육체가 된
다 하셨나니 [17]주와 합하는 자는 한 영이니라"(고전 6:15-17). [1 Corinthians
6:17 And he who is joined to the Lord is one spirit; (1Co 6:17 YLT).]

예수님께서는 교회를 향하여 "너희는 세상의 빛이라"고 말씀하셨고(마
5:14), 예수님 자신에 대해서는 "나는 세상의 빛이라"고 말씀하셨다(요 8:12).
그리스도와 "그리스도 안에" 있는 사람들과는 당연히 동질성을 공유하고
있다. "한 몸"이라는 것은 "사상"과 "운명"이 영원히 "동일하다"는 의미이다.

3. 교회는 그리스도의 신부이다.

다음의 성경 말씀들은 교회가 그리스도의 신부임을 표현하고 있다. 마
25:1-12, 눅 5:34-35[신랑], 36-39[새 포도주, 새 부대], 고후 11:2.

"4이 사람들은 여자로 더불어 더럽히지 아니하고 정절이 있는 자라 어린양이 어디로 인도하든지 따라가는 자며 사람 가운데서 **구속**을 받아 **처음 익은 열매**로 하나님 과 어린양에게 속한 자들이니 5그 입에 거짓말이 없고 흠이 없는 자들이더라"(계 14:4-5). 그리스도께서 "부활의 첫 열매"로서 (고전 15:23) 그 분의 성도들과 동질성을 나타 내고 있다. "2 또 내가 보매 거룩한 성 새 예루살렘이 하나님께로부터 하늘에서 내려 오니 그 예비한 것이 **신부가 남편**을 위하여 단장한 것 같더라 3 내가 들으니 보좌에서 큰 음성이 나서 가로되 보라 **하나님의 장막**이 사람들과 함께 있으매 하나님이 저희와 함께 거하시리니 저희는 하나님의 백성이 되고 하나님은 친히 저희와 함께 계셔서"(계 21:2-3). "일곱 대접을 가지고 마지막 일곱 재앙을 담은 일곱 천사 중 하나가 나아와서 내게 말하여 가로되 이리 오라 내가 **신부 곧 어린 양의 아내**를 네게 보이리라 하고"(계 22:19) "신부와 신랑"이 "한 몸"을 이룬다는 것은 신약 성경의 가장 핵심적 교리 중 하나이다. 따라서 "신부의 정절"이 교회의 모습이다. "하나님의 장막이 사람들과 있다" "한 몸"이 되었다. 요 17:16 절 말씀 내용도 마찬가지다. 그리스도께서 "세상"에 속하지 아니한 것처럼 그리스도인도 세상에 속하지 아니한 사람들이다. "한 몸"이기 때문이다.

4. 교회는 "택함을 받은 사람들"이다

"너희가 세상에 속하였으면 세상이 자기의 것을 사랑할 터이나 너희는 세상에 속한 자가 아니요 도리어 **세상에서 나의 택함을 입은 자**인고로 세상이 너희를 미워하느니라" (요 15:19). "I chose out of the world"[ek;

before vowels **ex** prep. w. gen. from, out of, away from—1. to denote separation Mt 2:15; 26:27; Mk 16:3; J 12:27; 17:15; Ac 17:33; Gal 3:13; Rv 14:13; from among Lk 20:35; Ac 3:23] "택함"은 "끄집어내어 옮겨 버렸다"는 뜻이다["taken out of the world" "away from"]("곧 창세 전에 그리스도 안에서 우리를 **택하사** 우리로 사랑 안에서 그 앞에 거룩하고 흠이 없게 하시려고." 엡 1:4, "택하사"라는 말도 "택하여 내어, 세상과 불경 건에서 거룩하고 흠 없는 신분"으로 옮겨 놓으신 것이다. 골 1:13)

"오직 너희는 **택하신 족속**이요 왕같은 **제사장들**이요 **거룩한 나라**요 그의 **소유된** 백성이니 이는 너희를 어두운 데서 불러내어 그의 기이한 **빛에 들어가게 하신** 자의 아름다운 덕을 선전하게 하려 하심이라"(벤전 2:9). "택 하신 백성"의 모형을 구약에서 항상 예시(豫示) 하고 있다. "**택하신 족속**," "여호와께서 오직 네 열조를 기뻐하시고 그들을 사랑하사 그 후손 너희를 만민 중에서 **택하셨음**이 오늘날과 같으니라"(신 10:15).

"**제사장들**"—"너희가 내게 대하여 **제사장 나라**가 되며 거룩한 백성이 되리라 너는 이 말을 이스라엘 자손에게 고할지니라"(출 19:6.).

"**여호와께 성결**" 하나님께서 성물을 바치러 들어갈 때 제사장의 관 전면에 "여호와께 성결"이라는 표가 제사장의 관 전면에 있어야한다. 출 28:36-38.

"**거룩한 나라**" 신 구약 성경 전체의 핵심 내용은 "하나님의 거룩성"과 "하나님 백성 의 거룩성" 이라고 볼 수 있다. "[6]너는 여호와 네 하나님의 성민이라 네 하나님 여호 와께서 지상 만민 중에서 너를 자기 기업의 백성으로 택하셨나니 [7] 여호와께서 너희를 기뻐하시고 너희를 택하심은 너희가 다른 민족보다 수효가 많은 연고가 아니라 너희는 모든 민족 중에 가장 적으니라"(신 7:6-7). "⁹오직 너희는 택하신 족속이요 왕*같은 제사장들이요 거룩한 나라요 그의 소유된 백성이니"(벧전 2:9).

"소유된 백성"은 배타적으로 하나님에게만 속한 사람들이다(a peculiar people; a people belonging [exclusively] to God).

"세계가 다 내게 속하였나니 너희가 내 말을 잘 듣고 내 언약을 지키면 너희는 열국 중에서 내 소유가 되겠고 너희가 내게 대하여 제사장 나라가 되며 거룩한 백성이 되리라 너는 이 말을 이스라엘 자손에게 고할지니라"(출 19:5). "하나님의 소유가 된 백성이 되었다"는 것은 "배타적으로 하나님께만 속한 백성"이 되었다는 뜻이다.

"택함을 받았다"는 것은 "높임을 받았다" 혹은 "높은 신분이 되었다", 하나님께서 "높여 주셨다"는 등의 뜻이다. "¹⁷이 이스라엘 백성의 하나님이 우리 조상들을 택하시고 애굽 땅에서 나그네 된 그 백성을 높여 큰 권능으로 인도하여 내사"(행 13:17). 전에 하나님의 진노의 대상이 이제는 하나님의 양자가 되었다는 것은 낮고 천한 신분에서 "높은 신분"으로 변화된 것을 뜻한다. 세상나라 왕의 자녀도 높은 신분이거늘 천지의 주재이신 하나님 자녀는 가장 높은[신분과 성품에서] 사람들이다. 이 모두가 다 구약 이스라엘 백성의 "모형"(type)에서 발견되는 내용들이다. 그 실체(實體)는 곧 교회, 믿는자들, 성도 (聖徒)들이다. 그들은 고난 중에 좌절하지 않고 이를 극복하며, 거룩한 백성으로서의 신분을 유지하는 자들이다.

5. 교회란 "거룩한 사람들" 곧 "성도(聖徒)"들의 모임이다.

"너희 중에 이같은 자들이 있더니, 주 예수의 이름과 우리 하나님의 성령으로   말미 암아 씻으심과 거룩케 하심과 의롭다 함을 받았느니라"(고전 6:11). "이는 그가 한 번의 제사로 거룩케 된 자들을 영원히 온전케 하셨음이니라"(히 10:14).

6. 교회가 곧 "성전"이다. 그러나 건물을 의미하는 것이 아니다.

성전은 "교회의 모형"으로서 (1) 하나님의 임재(마 18:20) (2) 제사장 (3) 속죄소(혹은 시은좌(施恩座, Mercy Seat) (4) 제사(예배) 등이 "교회"와 동질성을 가지고 있다.

제2장

성막: 성막의 구조와 의미

I. 시내산의 계시

하나님께서 이스라엘 백성을 애굽의 종살이에서 해방하신 후 불과 50일만에 이스라엘 백성은 시내 광야에 이르렀으며(출 19:1, 11) 하나님께서는 그 곳에서 10계명을 이스라엘 백성에게 주셨다. 뿐만 아니라 이스라엘 백성이 가나안 땅에 들어가서 실행하게 될 시민법도 주셨고, 더 중요한 것은 "성소" 곧 "장막"의 식양(式樣)을 모세에게 **보여주셨다**(출 25:9, 40). 출애굽 당시 이스라엘 백성은 그 숫자가 약 250 만명에 달했으며 어린아이들과 각종 짐승들을 이끌고 "광야"를 걸어 행진했다. 또한 먹을 것과 마실 것도 부족했으며 작업을 위한 연장도 없었다.

A. 하나님의 선택의 원리

하나님의 "선택의 원리"의 중심은 언제나 하나님의 절대주권의 행사이고 "하나님의 백성" 곧 "하나님 나라의 백성"의 선택에 있다. 하나님의 선택은 하나님께서 모든 인류를 멸망키로 결정하신 노아의 때부터라고 볼 수 있다. 그 당시 하나님께서는 "사람의 죄악이 세상에 관영함과 그 마음의 생각의 모든 계획이 항상 악할 뿐임을 보시고 마음에 근심하시고…사람을 지면에서 쓸어 버리되 공중의 새까지 그리하리라"(창 6:5-7)고 결정하신 것이다. "그러나 노아는 여호와께 은혜를 입었더라. 노아는 의인이요, 당세에 완전한 자라. 그가 하나님과 동행하였다"(창 6:8,9).

그러나 하나님께서 "약속의 씨"를 선택하신 것은 아브라함의 부름에서 시작한다. 이것이 바로, 창세 전부터 전 인류를 구원하실 "메시아의 선택"이다. "구름 속에서 소리가 나서 가로되 **'이는 나의 아들 곧 택함을 받은 자니 너희는 저의 말을 들으라'** 하고"(눅 9:35) 누가는 이렇게 하나님께서 이전에 선지자들에게 약속하신 말씀(사 42:1)의 성취를 기록하고 있다(참고, 마 3:17).

그러므로 하나님의 선택은 메시아의 성육신 이전 오래 전부터 준비되어온 것이며, 성막은 메시아 준비의 가장 핵심적 "모형"(type)이다. 그래서 성막은 그리스도, 그리스도의 구속 사역, 하나님의 백성의 준비등을 예시하고 있는 것이다. 이 성막 안에서 하나님을 섬기는 자들로 부름을 받은 유일한 사람들이 제사장들이다. 그리고 이 제사장들은 훗날 신약 시대의 "성도들"을 상징한다. 이제 그리스도인들 곧 성도들은 자신의 신분의 중요성을 "두려움과 떨림"으로 확인해야할 것이다. 하나님께서는 어떻게 이 "선택"을 진행해 오셨는가? 아브라함의 자손들 "이스라엘 중에서" "레위인을 선택"하셔서 "하나님의 소유"로 삼으셨다. 레위인들 중에서 아론과 그 아들들을 선택하여 제사장들이 되게하셨다.

다시 하나님의 선택의 원리를 보자. "⁵세계가 다 내게 속하였나니 너희가 내 말을 잘 듣고 내 언약을 지키면 너희는 열국 중에서 내 소유가 되겠고 ⁶너희가 내게 대하여 제사장 나라가 되며, 거룩한 백성이 되리라. 너는 이 말을 이스라엘 자손에게 고할지니라(출 19:5-6). 이 6절의 말씀이 결국 어떻게 이루어졌는지 보자: "⁹새 노래를 노래하여 가로되 책을 가지시고 그 인봉을 떼기에 합당하시도다. 일찍 죽임을 당하사 각 족속과 방언과 백성과 나라 가운데서 사람들을 피로 사서 하나님께 드리시고 ¹⁰저희로 우리 하나님 앞에서 나라와 제사장을 삼으셨으니 저희가 땅에서 왕 노릇하리로다 하더라"(계 5:9-10). 궁극적으로 "하나님의 백성"이 되고, "하나님의 제사장"이 되는 길 곧 "선택 받는" 길은 그리스도께서 "피로 값 주고 사신" 구속된 사람들이다. 성막은 바로 이 그리스도의 구속사역의 모형(type)이다. 하나님께서는 이와같이 복음을 믿는 모든 사람을(롬 1:16) 그리스도 안으로 선택하신 것이다. 하나님께서는 어떠한 "과정"을 통하여 선택을 이루시는가?

1. 아브라함의 부르심

야곱은 세상을 떠나기 조금 전 그의 아들 요셉의 두 아들을 자신의 아들들로 입양하는 이상한 일을 한다. "내가 애굽으로 와서 네게 이르기 전에 애굽에서 네게 낳은 두 아들 에브라임과 므낫세는 내 것이라. 르우벤과 시므온처럼 내 것이 될 것이요 이들 후에 네 소생이 네 것이 될 것이며 그 산업은 그 형의 명의 하에서 함께 하리라"(창 48:4-5). 이렇게 해서 이스라엘은 열세 지파가 된 것이다. 이 사건이 하나님께서 "예비하신 예배의 정신"과 무슨 관계가 있는가?

하나님께서 "번제물"을 "예비"하신 정신의 연속이다. 하나님께서 아브라함에게 이삭 을 번제물로 드리라고 명하신 것은(창 22:2), 훗날 "하나님의 독생자, 그 사랑하시는 자"의 "화목제물"(롬 3:25), "유월절 어린양"(고전 5:7), "향기로운 제물과 생축"(엡 5:2)으로 드릴 예수 그리스도의 몸을 예비하신 것이다. 항상 예비하시는 하나님이시다. 하나님께서 아브라함에게 모리아 땅으로 가서 "내가 네게 지시하는 한 산 거기서 그를 번제로 드리라"(창 22:2)라고 말씀하셨을 때, 아브라함은 아침 일찍 떠나서, "제 삼일에 아브라함이 눈을 들어 그 곳을 멀리 바라보았다"(창 22:4). 우리가 주목할 필요가 있는 것은 아브라함이 눈을 들어 멀리 "바라본 것"(히브리어로 '라아'라고 하는 말)은 그곳에 하나님께서 훗날 솔로몬이 성전을 짓게 "예비"하신 동일한 장소인 것이다 (대하 3:1). (히브리어로 "예비한다"는 말은 '라아'라는 말로 "본다"는 말과 동일한 단어이다) 이렇게 성전이 예비된 것이다. 하나님께서는 이것을 모세에게도 "보여"(라아) 주신 것이다 (출 25:9). "⁸내가 그들 중에 거할 성소를 그들을 시켜 나를 위하여 짓되 ⁹무릇 내가 네게 보이는 대로 장막의 식양과 그 기구의 식양을 따라 지을지니라"(출 25:8-9). 하나님께서 "예비"(라아) 하신 것을 모세에게 보여(라아) 주신 것이다. 이것 이 "성막"의 예비이다.

하나님께서 "제물"을 예비하셨으면 당연히 그 "몸"도(요 2:21) 준비하시고 제물 드리는 절차(구속 사역)도 준비하신 것이다. "아브라함이 그 땅 이름을 여호와이레(히브리어 원형: 라아)라 하였으므로 오늘까지 사람들이 이르기를 여호와의 산에서 준비되리라(라아) 하더라"(창 22:14).

지금까지 보아온 바와 같이 하나님께서 하시는 일은 대단히 면밀한 준비에 따라서 진행되고 있는 것을 볼 수 있다. "하나님의 백성"의 준비도 마찬가지이다. 첫 번째 선택은 아브라함에게 주신 언약을 통하여 시작하셨다. 선택의 첫 번째 조건은 아브라함이 그의 "본토 (country, land)"로 부터 떠나는 것이다. 그다음 그는 그의 "친척들(relatives, kinsmen, family)"을 떠나야 한다. 마지막으로 "아비의 집(father's house)를 떠나서 하나님을 따르는 것이다. 이 하나님의 선택의 원칙은 전 성경을 통하여 일관성이 있을 뿐 아니라 하나님의 계시의 핵심 중 하나이다. 예수님의 말씀은 "²⁶무릇 내게 오는 자가 자기 부모와 처자와 형제와 자매와 및 자기목숨까지 미워하지 아니하면 능히 나의 제자가 되지 못하고 ²⁷누구든지 자기 십자가를 지지 않고 나를 좇는 자도 능히 나의 제자가 되지 못하리라"(눅 14:26-27). "³³이와 같이 너희 중에 누구든지 자기의 모든 소유를 버리지 아니하면 능히 내 제자가 되지 못하리라. ³⁴ 소금이 좋은 것이나 소금도 만일 그 맛을 잃었으면 무엇으로 짜게 하리요 ³⁵ 땅에도 거름에도 쓸데 없어 내어버리느니라 들을 귀가 있는 자는 들을지어다 하시니라"(눅 14:33-35). 하나님께서는 결단코 "거름에도 쓸데없는" 자들을 선택하시지 않는다는 것을 명심할 것이다. 모세 이후 거의 모든 이스라엘 백성이 "땅에도 거름에도 쓸데없는" 소금이 되었기 때문에 버림을 당한 것이다.

2. 이스라엘 백성의 선택(출 19:5-6, 벧전 2:9)

출애굽 이후 하나님께서 가장 먼저 하신 일이 그들에게 하나님의 법을 주시는 일이었다. 천하 만민 중에서 하나님께서는 이스라엘 백성을 선택하여 하나님을 섬기는 법과 말씀을 주신 것이다. "세계가 다 내게 속하였나니 너희가 내 말을 잘 듣고 내 언약을 지키면 너희는 열국 중에서 내 소유가 되겠고 너희가 내게 대하여 제사장 나라가 되며 거룩한 백성이 되리라"(출 19:5-6). 하나님의 백성이 되는 원리는 교회의 시대에서도 동일한 원리이다. "오직 너희는 택하신 족속이요 왕 같은 제사장들이요 거룩한 나라요 그의 소유된 백성이니 이는 너희를 **어두운 데서 불러 내어** 그의 기이한 **빛에 들어가게 하신** 자의 아름다운 덕을 선전하게 하려 하심이라"(벧전 2:9). 출애굽기 내용이나 베드로 전서 내용에서 하나님께서 택하신 백성이[구원받은 백성이] "제사장들"이며, 하나님의 "소유된 백성"이며 "거룩한 나라"인 것을 주목할 것이다. 이스라엘 백성은 여전히 "죄인"이다(cf. 갈 2:15).

살아계신 하나님께 경배드린다는 것은 예배자의 신분이 "제사장들"이며 오직 "하나님께 속한 자들"이며, "성별된 백성"이라는 것이다. 이렇게 성별되지 아니한 자들의 소위 "경배"는 그저 하나님의 "마당만 밟을 뿐"이다. 오늘날 많은 교회들의 예배는 이러한 부류의 예배에 속하여 있지 않나 싶다. 특히 "이머징 교회"라고 하는 부류들의 예배가 그렇다. 기독교의 **예배자**란 자신의 필요(felt-needs)충족을 위해서 모인 사람들이 아니다(cf. 출 19:6-15). 전도집회(눅 24:27)는 죄인에게 초점이 맞추어질 수 있지만 **성서적 경배**는 오직 유일하신 참 하나님께만 향한 것이 된다(눅 4:8). "씻음"을 받고 "거룩"함을 받고 "언약"을 지키는 자들이다.

3. 레위인의 선택(야곱의 준비)

하나님의 선택된 백성이라고 해서 다 하나님의 전에 들어올 수 있는 것은 아니다. 하나님의 전은 만민이 "기도하는 집"이다. 예배드리는 집이다. 그리고 그 집에서 섬기는 자들은 오직 레위 족들에게만 허락되었다. 구원에 있어서도 마찬가지다.

"이스라엘에게서 난 그들이 다 이스라엘이 아니요, 또한 아브라함의 씨가 다 그 자녀가 아니라 오직 이삭으로부터 난 자라야 네 씨라 칭하리라 하셨다"(롬 9:6-7).

예배드리는 집에서 섬기는 자들도 마찬가지다. 만민 중에서 성별된 자들 중에서 또다시 성별된 자들만이 전(Temple)에 들어와서 하나님께 경배드릴 수 있었다. 많은 사람들이 예수님께서 돌아가셨을 때 **성전 휘장이 위로**

부터 아래로 갈라진 사건을 가리켜 이제는 누구나 다 전에 들어가서 하나님께 경배드릴 수 있는 것으로 해석하고 있다. 그렇지 않다. 휘장이 갈라져서 성소와 지성소의 막이 열렸을 때 예배의 문이 모든 자에게 열린 것이 아니라 구원받을 수 있는 기회의 문이 모든 사람에게 열린 것이다(엡 2:11-22). 복음의 문이 만민에게 열린 것이다(롬 1:16; 히 10:19-20). 예배는 여전히 구원받은 사람들에게만 주신 특권이다. 예배란 그리스도의 보혈로 깨끗함을 받는 중생한 사람들의 특권이며 의무이다. (그러나 모든 인간이 하나님의 피조물임으로 모든 인간이 창조주께 경배드린다는 의미에서 믿는 자들의 예배에 참여할 수는 있다. 그러나 그들의 "예배를 받는다, 흠향하다"는 것은 다른 점이다. 요 4:23) 혹은 "성전 휘장이 갈라졌다"는 것은 또한 <u>요 2:21절 말씀에서 본 바와 같이 예수님의 육체의 깨어짐을</u> 상징하는 사건일 수도 있다. 또한 엡 2:14-22절 말씀의 내용이 곧 그 사건의 성취를 의미한다.

이스라엘 백성 전체가 다 택함을 받았지만 성소에 접근할 수 있는 특권은 오직 레위인 들에게만 하나님께서 주신 것이다. "제사장과 시중 든 레위 사람은 거룩한즉 전(殿)에 들어오려니와 그 외에 다른 사람은 들어오지 못하느니라"(대하 23:6, 민1:51). 이것이 바로 "구별의 법"이다(민 6:21; 8:14).

"⁴⁷오직 레위인은 그 조상의 지파대로 그 계수에 들지 아니하였으니 ⁴⁸이는 여호와께서 모세에게 일러 가라사대 ⁴⁹레위 지파만은 너는 <u>계수치 말며</u> 그들을 이스라엘 자손 계수 중에 넣지 말고 ⁵⁰그들로 증거막과 그 모든 기구와 그 모든 부속품을 관리하게 하라 그들은 그 장막과 그 모든 기구를 운반하며 거기서 봉사하며 장막 사면에 진을 칠지며 ⁵¹장막을 운반할 때에는 레위인이 그것을 걷고 장막을 세울 때에는 레위인이 그것을 세울 것이요

외인이 가까이 오면 죽일지며 ⁵²이스라엘 자손은 막을 치되 그 군대대로 각
각 그 진과 기 곁에 칠 것이나 ⁵³레위인은 증거막 사면에 진을 쳐서 이스라
엘 자손의 회중에게 진노가 임하지 않게 할 것이라 레위인은 증거막에 대한
책임을 지킬지니라 하셨음이라 ⁵⁴이스라엘 자손이 그대로 행하되 여호와께
서 모세에게 명하신 대로 행하였더라"(민 1:47-54).

레위인은 이스라엘 지파에 소속치 않게 따로 "분리"하여 내었다. 이것이
항상 "하나님의 선택"의 원리이다. 이 정신을 망각하면 "세상 사람"이 된다.
왜냐하면 이 정신이 정확하게 예수님의 "하나님 백성 선택"의 원리이기 때
문이다. "¹⁶너희가 나를 택한 것이 아니요 내가 너희를 택하여 세웠나니 이
는 너희로 가서 **과실을 맺게 하고** 또 너희 **과실이 항상 있게** 하여 내 이름
으로 아버지께 무엇을 구하든지 다 받게 하려 함이니라 ¹⁷내가 이것을 너희
에게 명함은 너희로 서로 사랑하게 하려 함이로라 ¹⁸세상이 너희를 미워하
면 너희보다 먼저 나를 미워한 줄을 알라 ¹⁹너희가 세상에 속하였으면 세상
이 자기의 것을 사랑할 터이나 **너희는 세상에 속한 자가 아니요 도리어 세
상에서 나의 택함을 입은 자인고로 세상이 너희를 미워하느니라**"(요 15:16-
19). 따라서 "선택"은 "세상과의 분리"를 뜻한다. 하나님께서는 만민 중에서
선택하신 이스라엘 백성 중에서 레위인을 다시 선택하여 "회막봉사"에 일
하게 부르셨다. "회막 봉사"란 결코 쉬운 일들이 아니다. 하나님께서는 먼저
회막 보호를 위해서 군대를 편성하셨다. "싸움에 나갈 만한 자들"로 군대를
편성하신 것이다. "싸움에 나가는 것" 곧 "전투"를 "짜바(tzahvah)"라고 한다.
군인이 군대 "복무"하는 것(service of army)도 "짜바이고, 레위인들이 성막 "봉
사"(service of Tabernacle)도 "짜바"라고 한다. 다시 민수기 1 장에서 보는 바와

같이 "이스라엘 자손의 회중에게 진노가 임하지 않게 할 것이라 레위인은 증거막에 대한 책임을 지킬지니라"(민 1:53). 이와 같은 책임은 병사의 전투 책임보다 중한 종류의 책임이다. 왜냐하면 레위인은 백성으로 하여금 바르게 하나님 섬기는 것을 지키게 하여 하나님의 "진노"가 백성에게 내리지 않도록 해야하기 때문이다. 뿐만 아니라 백성이 하나님의 면전에 무단 접근하여 죽임을 당하지 않도록 "하나님의 임재"를 보호해야 할 책임이 있다. "너는 백성을 위하여 사면으로 지경을 정하고 이르기를 너희는 삼가 산에 오르거나 그 지경을 범하지 말지니 산을 범하는 자는 정녕 죽임을 당할 것이라"(출 19:12). 모세를 통해서 백성에게 경고하신 하나님의 말씀이다. 하나님은 인자와 자비가 많으시고 노를 항상 품지 않으시고 긍휼을 베푸시는 하나님이시다. 동시에 하나님은 거룩하신 분이시다. 절대 만홀이 여김을 받지 않으신다. "선택"과 연관하여 "레위인 정신"을 볼 수 있는 한 사건을 살펴보자.

"25모세가 본즉 백성이 방자하니 이는 아론이 그들로 방자하게 하여 원수에게 조롱거리가 되게 하였음이라 26이에 모세가 진문에 서서 가로되 누구든지 여호와의 편에있는 자는 내게로 나아오라 하매 레위 자손이 다 모여 그에게로 오는지라 27모세가 그들에게 이르되 이스라엘의 하나님 여호와께서 이같이 말씀하시기를 너희는 각각 허리에 칼을 차고 진 이 문에서 저 문까지 왕래하며 각 사람이 그 형제를 각 사람이 그 친구를 각 사람이 그 이웃을 도륙하라 하셨느니라 28레위 자손이 모세의 말대로 행하매 이날에 백성 중에 삼천 명 가량이 죽인 바 된지라 29모세가 이르되 각 사람이 그 아들과 그 형제를 쳤으니 오늘날 여호와께 헌신하게 되었느니라 그가 오늘날 너희에게 복을 내리시리라"(출 32:25-29). 이스라엘 백성의 "금송아지" 사건 때이다. 때로는 "여호와께 헌신"이라는 것이 "그 아들과 형제를 치는" 뼈 아픔이 있을 수도 있다. 만약 그들이 "금송아지"에게 절하게 되면, 누가복음 14장에서 보는 바와 같이 "하나님께 헌신" 한다는 것은 때로 부모와 처자를 미워하는 고난에 직면할 수도 있다. 하나님께서는 천하만민 가운데서 이러한 "레위인들"을 택하셔서 수 세기 동안 "그리스도 안에" "성령 침례"하여 넣는 일을 계속하시고 있다. 이제 그 일이 끝나는 날이 다가오고 있다. 하나님께서는 먼 종말을 바라보는 이사야 선지자를 통하여 "제사장과 레위인"의 준비를 이렇게 예언해 두시고 있다. "이스라엘 자손이 예물을 깨끗한 그릇에 담아 여호와의 집에 드림 같이 그들이 너희 모든 형제를 열방에서 나의 성산 예루살렘으로 말과 수레와 교자와 노새와 약대에 태워다가 여호와께 예물로 드릴 것이요 ²¹나는 **그중에서 택하여 제사장과 레위인을 삼으리라** 여호와의 말이니라 ²² 나 여호와가 말하노라 나의 지을 새 하늘과 새 땅이 내 앞에 항상 있을 것 같이 너희 자손과 너희 이름이 항상 있으리라"(사 66:20-22). "그중에서" 택함을 받은 "제사장과 레위인"들은 바로 이방인들이다(18절).

히브리서 기록자는 "그러므로 우리가 긍휼하심을 받고, 때를 따라 돕는 은혜를 받기 위하여 은혜의 보좌 앞에 담대히 나아갈지니라"(히 4:16) 라고 권면하고 있다. "은혜의 보좌 앞에 담대히 나아갈 수 있는" 택함을 받은 사람들, 곧 중생한 사람들에게 주는 권면의 말씀이다. 이 택함을 받은 사람들이 곧 성서적 교회이다.

4. 아론의 선택

"너희 아론과 그 아들들을 세워 제사장 직분을 행하게 하라. 외인이 가까이하면 죽임을 당할 것이니라"(민 3:10, 38; 4:15, 19-20; 18:7).

하나님께서는 천하만민 중에서 아브라함을 통하여 이스라엘 백성 전체를 선택하시고 이스라엘 백성 안에서 레위족을 선택하셨고, 레위족 안에서 아론과 그 아들들을 선택하셔서 제사장들을 삼으신 것이다. 이제 제사장들의 위임식을 통하여 하나님께서 "제사장들"에게 요구하시는 "자격"을 살펴봄으로 신약 성도의 "제사장 신분"에 요구되는 하나님의 뜻을 확인하게 된다. 구약시대의 선택의 과정은 그들의 구원과는 전혀 무관하다.

현재는 성전도 사라졌고, 구약의 제사제도와 제사장도 다 폐지된 지금 그것들이 오늘 날 교회와 무슨 관계가 있는가? 분명한 관계가 있다. 첫째는 그 용어들이 신약 성도들에게 적용되고 있기 때문에, 그 절차는 폐지되었지만, 정신은 신약성도들에게 적용되는 것이다. 예수님께서는 율법을 폐하러 오신 것이 아니라, 성취하러 오셔서 성취하신 것이다.

(1) 위임식

제사장 위임식은 신약 성도와 교회의 본질을 대단히 선명하게 예시해 주고 있다. 하나님께서 친히 제사장 직분을 명령하신 것이다. 모세에게 "너는 이스라엘 자손 중 네 형 아론과 그 아들들을…네게로 나오게 하여 나를 섬기는 제사장 직분을 행하게 하되 네 형 아론을 거룩한 옷을 지어 영화롭고 아름답게 할지니…그를 거룩하게 하여 내게 제사장 직분을 행하게 하라"(출 28:1-3).

제사장 직분의 가장 핵심적 강조점은 "거룩"이다. 그들은 "거룩한 옷"을 입어야한다(출 28:4; 레 8:30). 제사장은 벧 2:9절 말씀에서 분명히 성도들을 지칭하고 있다. 제사장의 "거룩한 옷"은 말할 필요도 없이 "예수 그리스도로 옷 입는 것"을 예시하고 있다. "오직 주 예수 그리스도로 옷 입고 정욕을 위하여 육신의 일을 도모하지 말라"(롬 13:14). "누구든지 그리스도 안으로 침례받는 자는 그리스도로 옷 입느니라"(갈 3:27). 제사장의 옷은 성도들이 거룩함을 받은(고전 6:11) 내적 거룩한 성품의 외적 증거이다.

제사장은 또 "순금으로 패를 만들어 인장을 새기듯 관 전면에 '여호와께 거룩'이라고 새긴 관"을 써야 한다(출 28:36). "관 전면(前面)에." 계 22:4절 말씀에 "그들이 하나님의 얼굴을 볼 것이요, 그의 이름이 저희 이마에 있으리라"는 내용은 그 관을 쓴 자신은 "거룩한 자"요, "여호와의 거룩"을 세상에 나타내는 사람들을 뜻하는 것 같다. "모든 자로 더불어 화평과 거룩함을 좇으라. 이것이 없이는 아무도 주님을 뵙지 못하리라"(히 12:14). "마음이 청결한 자는 하나님을 보리라"는 뜻이다(마 5:8). 창세기에서 아브라함이 모리아산을 바라본 것과 비슷하다.

그들이 드리는 예물은 점도 없고 흠이 없는 동물이어야 하며, 떡은 "누룩 없는" 떡이어야 한다(출 29:2; 레 8:26; 레 9:2-3). 바울은 이 정신을 다음과 같이 기술하고 있다: "너희의 자랑하는 것이 옳지 않으니, 적은 누룩이 온 덩어리에 퍼지는 것을 알지 못하느냐? 이제 너희는 누룩 없는 자들로서 새 덩어리가 되기 위하여 묵은 누룩을 내어 버리라. 우리의 유월절 양이신 그리스도께서 우리를 위하여 희생되셨느니라"(고전 5:6-7).

하나님께 속한 모든 것은 다 거룩해야한다(출 29:36, 37, 44; 출 30:10, 25, 29-32). 제사장은 깨끗한 사람이어야 한다. "수족을 물로 씻어 회막에 들어갈 때 죽기를 면하게 하라"(출 30:20). 성도란 예수 그리스도의 이름과 성령으로 씻음을 받은 사람들이다. "¹¹너희 중에 이와 같은 자들이 있더니 주 예수 그리스도의 이름과 우리 하나님의 성령 안에서 씻음과 거룩함과 의롭다 하심을 얻었느니라(고전 6:11).

(2) **이 제도의 목적은 거룩한 것과 속된 것들 분별하게 하려는 데 있다.**

"너희가 거룩한 것들과 속된 것들, 정한 것들과 부정한 것들 사이를 분별하게" 하려 함이라(레 10:10).

(3) **하나님께서 그 백성에게 내리신 "거룩하라"는 직접적인 명령들: 레 11:14, 45; 19:2; 20:7, 26; 21:8, 15; 22:9, 16, 32.** "내가 거룩하니 너희도 거룩하라" 특히 신약 성도들은 예수 그리스도의 피로 모든 죄와 허물을 씻음 받고, 불순종의 아들에서 하나님의 아들들로 다시 태어난 사람들이다. 전에는 원수되었던 하나님이 이제는 아버지가 되었다. "아버지의 성품이 거룩"한데 아들의 성품은 중생 이전과 같이 불결하다는 것은 상식 밖의 생각이며, 예수 그리스도의 모든 구속(救贖)을 폐하게 하는 일이 된다. 따라서 사도 베드로는 강력히 다음과 같이 가르치고 있다: "¹⁵오직 너희를 부르신 거룩한 자처럼 너희도 모든 행실에 거룩한 자가 되라 ¹⁶기록하였으되 내가 거룩하니 너희도 거룩할지어다 하셨느니라"(벧전 1:15-16).

B. 성막의 구조

출 25:8, 40; 출 26:30; 출 27:8; 민수기 4장

성전에 나타난 신약 교회, 성도, 하나님의 백성, 그 백성의 삶의 모습들

출애굽 이후 하나님께서 가장 먼저 하신 일들은 **하나님의 백성**과 그들이 드리는 **참 예배의 준비**였다.

1. 준비

성막이 하나님께 예배드리는 중심지였기 때문에 하나님께서는 출애굽 이후 가장 먼저 성막을 짓게 하였고, 가장 섬세하게 설명하셨으며 심지어는 모세에게 그 모형을 직접 보여 주신 것이다. 출애굽 이후 아무것도 없는 광야에서 하나님께서는 이스라엘 백성에게 가장 먼저 하라고 명하신 것이 "성막" 짓는 일이었다.

성막의 "내소" 곧 "지성소"를 하나님께서 특별히 구별하셨고(출 26:33), 지성소에는 오직 대제사장 만이 1년에 한 번 출입할 수 있게 제한하신 것이다. 신약 시대에 와서는 성도들의 몸이 "성령의 전"으로 지성소가 되었다(고전 6:19). 그러므로 그리스도인들은 그들의 "몸의 거룩성"을 알아야 할 것이고 자기 몸이 자기의 것이 아니라 하나님께 예배드리는 "산 제물"인 것을 알아야 할 것이다(고전 6:19-20. 롬 12:1-2).

뿐만 아니라 **지성소**는 히브리어로 "드비르"(Debir) 라고 부르고 있다. 솔로몬이 모리아 산에 건설한 성전의 "내소(內所)"(Holy of Holies[Naos])"를 이스라엘 백성은 "하나님의 말씀"이라고 부르기 시작한 것이다(왕상 6:5, 16). 모든 선

지자들은 그들이 "하나님께로 부터 받은 말씀"을 "디벨"(דָּבָר)이라고 불렀다 (사 1:10; 렘 1:2; 겔 1:3; 호 1:1; 욜 1:1; 암 1:1; 욘 1:1; 미가 1:1; 습 1:1; 학개 1:1; 슥 1:1; 말 1:1).

이 사실은 예수님께서 요 4:21절에서 24절까지에서 말씀하신 내용과 정확하게 일관성 있는 하나님의 계시를 반영한다. 곧 기독교의 예배는 철저하게 "하나님의 말씀 안에서" "말씀만을" 증거하는 것이 곧 성서적 교회의 "**예배의 정신**"(worship in spirit)이다. 개인의 간증이나 사람에 대한 이야기는 하나님께 드리는 예배에는 합당치 않다.

2. 성막 건설의 시기(출 40:1, 17; 민 7:1)

모세는 출애굽 만 1년 만에 하나님께서 보여주시고 명하신 대로 그처럼 정교하고 복잡한 성막과 증거궤와 기구들을 다 완성하였다. 만 1년 만에. 이스라엘 백성은 이 기간 동안에 하늘에서 내리는 만나를 먹고 바위에서 나는 물을 마시며 아무 것도 하지 않고 오직 성막만을 지었다.

하나님께서는 이스라엘 백성들에게 아무런 현대적 장비나 연장들이 없는 광야에서 여행하는 이스라엘 백성들로 하여금 이처럼 정교한 구조물을 건설하게 하시고 완성케 하신 것이다. 무슨 의미인가? 하나님께서는 하나님께 드리는 "예배"와 "예배드리는 자들" 곧 "광야 교회"에 얼마나 큰 관심을 가지고 계셨던 것을 보여주신 것이다. 백성들이 거할 주택이나 농토나 공장이나 외적을 방어하는 군대나 회당 등을 짓기 전에 먼저 하나님의 성막부터 짓게 명하신 것이다. 성막은 "사람을 위한 것이 아니요 여호와 하나님을 위한 것이라"(대상 29:1). 이것이 바로 우리가 배워야 할 "예배 정신"이고 "교회의 모습이고 성도의 삶"이다. 성막 곧 거룩한 하나님의 임재 앞에서 사람을 위한 흥행(興行, entertain)을 일삼고 있다는 것은 하나님께 드리는 예배가 절대 될 수 없다. 교회가 될 수 없다.

하나님께서 친히 모형을 보여주심: 출 25:9, 40; 26:30; 27:8; 민 8:4(모세에게). 대상 28:11-12(다윗에게). 히 8:5. 하나님께서 친히 성막의 모형을 모세에게 보여주신 데는 깊은 뜻이 있다. 예배드리는 예법이나 신앙생활의 규범 즉 교회와 교회의 삶이 "하나님께서 보여주신 모형"에서 떠나지 말라는 것이다. 만약 떠나면 스스로 멸망을 자초하는 것이다. 그리고 하나님께서는 당신의 하신 말씀을 항상 실제로 증거하시는 분이다. 예법을 떠난 "나답과 아비후의 제사"에서 그 실례를 볼 수 있지 않은가?

레위기 10:1-3. 그들은 이스라엘 역사상 처음으로 예배드리는 법도와 의복과 절차를, 모세를 통해서 하나님에게서 듣고, 8일 간의 위임식을 걸쳐 제사장으로 위임을 받아 예배드리는 첫날 아침 "불이 여호와 앞에서 나와 그들을 삼키매 그들이 여호와 앞에서 죽으매." 불태워 죽임을 당하였다. 그들의 "죄"는 "다른 불"이다. "여호와께서 명하지 않은 다른 불", 교회를 더럽히고 예배를 짓밟는 자들은 "죽음을 면하라"는 경고를 들어야 한다(레위기 10:6, 7, 9). 신약성경은 무관하게 지나가 버리고 있는가? 결코 아니다.

"16너희가 하나님의 성전인 것과 하나님의 성령이 너희 안에 거하시는 것을 알지 못하느뇨 17누구든지 하나님의 성전을 더럽히면 하나님이 그 사람을 멸하시리라 하나님의 성전은 거룩하니 너희도 그러하니라"(고전 3:1-17).

하나님의 주신 계시를 떠나지 않고 충실하게 전달한 사도의 예를 바울에게서 볼수 있다(행 9:10; 고전 15:1-11; 고후 12:1-10; 갈 1:6-12; 엡 3:1-6). "청중을 의식하는 설교자는 그 의식하는 순간부터 설교자의 자격을 상실한다."(로이 드 존스)

3. 재료들의 준비

출 25장(재료의 준비). 출 26장(성막). 출 27장(단, Alter). 출 28장(제사장)

(a) **어린양**(출 12:50). (b) **누룩 없는 떡**(출 12:15). (c) 금과 은과 놋(출 25:3; cf. 출 12:35-36). (d) 청색, 자색, 홍색 실과 가는 베실과 염소털과 가죽과 조각목(출 25:5). (e) **관유의 향품**과 분향할 향품들(25:6). (f) 홍마노 등 보석들(출 25:8).

기구들: (a) 궤(증거궤, Ark): 조각목, 정금, 채, 증거판, 속죄소, 두 개의 그룹. (b) **상**(Table). (c) 대접, 숟가락, 병, 잔 등의 제조(製造).(d) **등대**(Lampstand); 밑판, 꽃받침과 꽃을 한 덩이로 연함. "정금으로 쳐서 만들고 (25:36). (e) 휘장 (Second Veil) (f) **금향단**(Altar of Incense)(출 30 장) (g) 휘장(Second Veil) (h) 물두멍 (Laver) (i) 번제단(Altar of Burnt Offering)

4. 성막의 제조(26-27 장). "산에서 네게 보인 대로"(27:8).

"이 전은 사람을 위한 것이 아니요 여호와 하나님을 위한 것이라"(대상 29:1).

5. 성막 구조

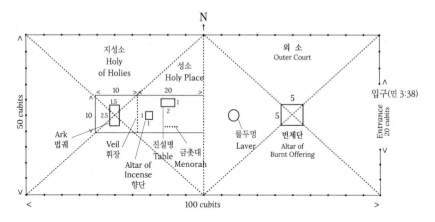

위 그림에서 보는 바와 같이 성막 전체는 두 개의 정사각형이 연접하고 있다. 성막은 교회, 성도, 예배, 구원 등의 기독교 핵심 요소들을 보이고 있지만 가장 중심적 핵심은 예수 그리스도의 "구속사역(救贖事役, Redemptive Ministry)"의 모형이다.

성막 구조에 있어서 첫 번째로 중요한 것은 "동편 입구"이다. "장막 앞 동편 곧 회막 앞 해 돋는 편에는 모세와 아론과 아론의 아들들이 진을 치고 이스라엘 자손의 직무를 대신하여 성소의 직무를 지킬 것이며 **외인이 가까이 하면 죽일지니라**"(민 3:38). 이 입구는 물론 예수 그리스도의 예표(豫表)이다. 모세는 첫 번째 율법을 받은 자로 그리스도의 예표이며 예수님이 그 율법을 이루시고(마 5:17; 요 19:30) "그리스도의 법"을 주신 분이다(갈 6:2). 모세는 하나님의 집에서 "충성된 사환"으로서 섬기는 자였고 그리스도는 "하나님의 집에서 아들"로 섬기는 자이다(히 3:5-6). 아론은 대제사장으로서 그리스도의 예표이다(히 5:5). 뿐만 아니라 동편 문은 예수 그리스도 자신을 상징하는 예표이다. "나는 양의 문이라"(요 10:7). 그는 하나님께 나오는 모든 자의 문이다.

그리스도께서 번제단에서 자신을 희생제물로 드린 구속사역이 완성되어 법궤위 속죄소(혹은 시은좌(施恩座))에 계신 아버지께서 아들이 피 값으로 사서 드린 모든 첫 열매를 즐거이 받을 때 이 땅에 속한 인류 역사가 종말에 이른다. 위의 그림에서 보는 오른편 정사각형 중앙에 있는 번제단이 왼편 정사각형의 중앙에 있는 법궤와 일치되는 때가 이른 것이다. 하나님의 구속사의 완성에 이른 것이다. 이와 같이 손으로 지은 성막은 손으로 짓지 아니한 "하늘에서 내려온 성"의 모형이다. "하나님의 장막이 사람들과 함께" 하게 되는 때가 이미 도래했다. 그 완전한 성취는 메시아의 재림 때에 될 것이다(계 21:3). "그 성은 네모가 반듯하여 장광이 같은지라"(계 21:16). 정사각형이다. 성막과 하늘에서 내려온 성, "새 예루살렘"(계 21:2)의 동일점은 "정사각형"이다. "성막"은 두 개의 정사각형이 나란히 배치되어 있고 "새 예루살렘 성"은 하나의 정사각형이다. 왜 그러한가? "¹²오직 그리스도는 죄를 위하여 한 영원한 제사를 드리시고 하나님 우편에 앉으사 ¹⁴저가 한 제물로 거룩하게 된 자들을 영원히 온전케 하셨느니라"(히 10:12, 14). 그리스도께서 온전케 하셨기 때문이다. 그 둘을 하나로 통일 하신 것이다. 그가 "다 이루신 것"이다.(요 19:30) 하나님의 전 구속사역을 다 이루신 것이다. "¹⁰이 뜻을 좇아 예수 그리스도의 몸을 단번에 드리심으로 말미암아 우리가 거룩함을 얻었노라 ¹⁸이것을 사하셨은즉 **다시 죄를 위하여 제사드릴 것이 없느니라**"(히 10:10, 18). 번제단과 시은좌가 한 지점에 합치게 되었다. 구속사역의 시발점과 완성점이 하나로 합치게되었다. 구속이 완성되었다는 뜻이다. 현대용어로 표현하면 "싱규레러티(Singularity)가 성취된 것이라고 할 수있겠다.

두 번째 "성막의 문"이 예수 그리스도의 예표라는 것은 "오직 그리스도만이 유일한 '정통'의 문이다"는 뜻이다. 온 우주의 섭리와 (과학을 포함한) 구원과 영생과 영원한 나라와 이 땅에서 삶의 모든 질서를 포함해서 "처음과 끝"이다. 그리스도의 생애와 말씀이 기준이 된다.

"[16]만물이 그에게 창조되되 하늘과 땅에서 보이는 것들과 보이지 않는 것들과 혹은 보좌들이나 주관들이나 정사들이나 권세들이나 만물이 다 그로 말미암고 그를 위하여 창조되었고"(골 1:16). "[19]아버지께서는 모든 충만으로 예수 안에 거하게 하시고 [20]그의 십자가의 피로 화평을 이루사 만물 곧 땅에 있는 것들이나 하늘에 있는 것들을 그로 말미암아 자기와 화목케 되기를 기뻐하심이라"(골 1:19-20). "[10]하늘에 있는 것이나 땅에 있는 것이 다 그리스도 안에서 통일되게 하려 하심이라"(엡 1:10) "[21]모든 정사와 권세와 능력과 주관하는 자와 이 세상뿐 아니라 오는 세상에 일컫는 모든 이름 위에 뛰어나게 하시고, [22]또 만물을 그 발 아래 복종하게 하시고 그를 만물 위에 교회의 머리로 주셨느니라 [23]교회는 그의 몸이니 만물 안에서 만물을 충만케 하시는 자의 충만이니라"(엡 1:21-23). 기독교의 교회를 다만 "믿는 자들의 모임"으로만 취급하는 것은 성서적 의미를 충분하게 반영하지 못한다. 더구나 교회를 "이익의 재료"로 생각하는 자들의 "교회부흥의 정신"은 하나님의 계시에 대해서 소경이다. 많은 세속 영들이 "다른 데로 들어온 절도요 강도"와 같이 교회 안에 들어온 것은 정화되어야할 것이다. 그러나 "추수 때까지" 주님의 주권에 맡기는 것이 옳은 일이지만 소경되지 아니한 자들은 "때가 아직 낮이매" 그리스도를 보내신 이의 일을 바르게 해야한다. 교회의 문은 구약 시대의 성막의 문과 같다. 죄인으로 들어와서 "성도(聖徒, saints, holy ones)로 옮겨짐을 받는 곳이 교회이다. "그리스도 안"에 들어왔다고 하면서 세상 사람과 같이 혈과 육의 사람으로 육신을 좇아서 사는 것이 결코 가능하지 않다. 어떤 사람들은 "목사님은 죄 짓지 않습니까?"라고 질문하는 자도 있지만 그러한 질문은 좋지 않은 영이다.

우리 그리스도인들은 죄를 지을 수 있다. 요일 1:8. 그러나 요한이 이 글을 써 보낸 이유에 대해서 그는 이렇게 기록하고 있다. "나의 자녀들아 내가 이것을 너희에게 쓰는 것은 너희로 죄를 짓지 말게 하려 함이라"(요일 2:1). 일반적으로 그리스도인은 죄를 짓기는 하지만 죄 속에서 살지는 않는다는 것이 성서적 견해이다. "하나님께로서 난 자 마다 죄를 짓지 아니하나니 이는 하나님의 씨가 그 속에 계심이요, 그가 죄를 짓지도 못하는 것은 그가 하나님께로 났음이니라"(요일 3:9). 그러므로 애통하고 회개하고 "물두멍"에서 씻음을 받는다. 그리하지 않은 채 한 순간도 편하게 살 수 없다. "그리스도 안에 있는 자"란 악은 차마 모양도 보기를 두려워하는 자들이다. 더구나 죄 짓는 삶을 당연시 하는 그러한 "사고(思考)"가 가능치 않다. 이러한 사고는 "피로 값주고 사신" 그리스도를 경멸하는 짓이기 때문이다. "육신대로" 살면 반드시 죽기 때문에 중생한 사람은 그렇게 살지 않는다. 온 우주를 깨끗케 하시어 "새 하늘과 새 땅을 창조하시는 하나님"께서 구원받은 한 영혼을 정결케 지키지 못하신다는 사고는 하나님을 경멸히 여기는 태도이다. "하나님께로서 난 자마다 범죄치 아니하는 줄을 우리가 아노라 하나님께로서 나신 자가 저를 지키시매 악한 자가 저를 만지지도 못하느니라"(요일 5:18). 물론 그리스도인은 죄를 지을 수 있다. 그러나 죄 속에서 살지는 않는다. 범죄한 자는 고백하지 않고 살 수 없다(요일 1:8-9; 2:4).

위에 5번의 그림을 보면, 왼편 직사각형이 성소(Holy Place, 카도쉬)이고, 가장 중앙 부분이 지성소(至聖所, Holy of Holies)이며, 대각선이 만나는 지점에 법궤(Ark of Covenant)가 안치되어있다. 이 지성소를 "떼비르"라고 부른다. "말씀"이라는 히브리어 "따바르"라는 말과 같은 어근(語根)을 가지고 있다. 대제사장이 일년에 한번 희생물의 피를 가지고 지성소안의 법궤에 뿌리고 이스라엘 백성의 죄를 고할 때 하나님께서 법궤의 덮게 시은좌(施恩座, Mercy Seat) 위에서 백성의 죄용서를 선포하고 축복을 내리신다. 그래서 이곳을 "말씀"(Oracle)이라고도 부른다. 바로 예수님 자신을 뜻한다. "태초에 말씀이 계시니라. 이 말씀이 하나님과 함께 계셨으니, 이 말씀이 곧 하나님이시라"(요 1:1). "말씀이 육신이 되어 우리 가운데 거하시매 우리가 그 영광을 보니 아버지의 독생자의 영광이요, 은혜와 진리가 충만하더라"(요 1:14). "은혜와 진리"는 히브리어로 "헤세드, 아멜드"로 두 단어가 함께 쓰일 때는 대부분 그리스도를 칭한다(잠 3:3).

6. 성막을 중심으로 한 진의 배치

이스라엘 백성의 <u>열 두 지파</u>가 성막을 중심을 포진(布陣)한다.

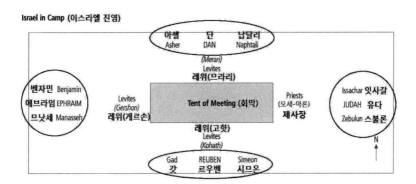

Israel in Camp (이스라엘 진영)

C. 섬기는 자들

1. 제사장

제사장이란 "거룩하게" 선별하여(chosen), 성별함을 받은(sanctified) 여호와의 종들이다(출 28:1-3 (3절: 거룩하게 하여[qadesh(קדש)])

(1) 제사장의 접근과 그들의 섬김.

흠 없는 제물만을 드려야한다. "흠"이 있는 제물을 절대 하나님께 드릴 수 없다. 이것이 교회의 모습이며 성도(聖徒, saints, holy ones)의 삶의 모습이다.

(2) 제사장 제도는 다음과 같다.

a. "나를 섬기는 제사장 직분을 행하게 하되"(출 28:1).

   i) "아론의 옷을 지어 거룩하게 하라"(출 28:3). 제사장들에게 요구되는 절대 요건은 "거룩" 이다.

   ii) 제사장의 의복 (출 28:4): 흉패, 애봇, 겉옷, 반포, 속옷, 관. 평상복과 의 "구별"(separaton)을 요구한다.

   iii) 에봇(4절): 금실, 청색, 자색, 홍색 실과 가늘게 꼰 베실견대, 홍마노(9절).

   iv) 15-30절: "판결 흉패"

   v) 35절: "방울" "소리가 들릴 것이라. 그리하면 죽지 아니하리라." "예배"란 생사의 문제 이상으로 심각한 헌신(devotion)이다.

   vi) 36절: "여호와께 성결"의 패를 관 전면에 있게하라. (코데쉬 레 여호와)[קֹדֶשׁ לַיהוה] "HOLINESS TO YHWH."

   vii) 38절: "그 패가 아론의 이마에 늘 있으므로 그 성물을 여호와께서 받으시게 되리라."

   viii) 39절: "반포 속옷." 그 "속옷"까지 규정하고 있다. 제사장의 내면적 신앙 인격을 의미하며, 신약에 있어서 "제사장들"은 "구원 받은 모든 하나님의 백성들"을 뜻하기 때문에(벧전 2:9; 계 5:10), 곧 교회의 모습이다. "너희도 산돌같이 신령한 집으로 세워지고 예수 그리스도로 말미암아 하나님이 기쁘게 받으실 신령한 제사를 드릴 거룩한 제사장이 될찌니라"(벧전 2:5).

"너희도…신령한 제사를 드릴 거룩한 제사장이 될찌라" "거룩한 제사장"이 되라. 아론의 반열도 제사장의 복장도 다 사라졌지만 하나님께서 예배드리는 제사장의 "준비"에 대해서 이렇게 철저하게 준비케 하시는 정신은 여전히 요구된다.

예수님께서는 바리새인들과 서기관들에게 "잔과 대접의 겉은 깨끗이 하되 그 안에는 탐욕과 방탕으로 가득하게 하는도다. 소경된 바리새인아 너는 먼저 안을 깨끗이 하라. 그리하면 겉도 깨끗하리라"(마 23:25-26)고 말씀하신다. "화 있을진저 외식하는 서기관들과 바리새인들이여, 회칠한 무덤 같으니 **겉으로는 아름답게 보이나** 그 안에는 죽은 사람의 뼈와 모든 더러운 것이 가득하도다"(마 23:27). "겉으로는 아름답게 보이는 것"이 많은 현대 교회당의 모습이다. 그러나 실상은 왕하 10:24절 "바알의 제사장들"과 같이 다른 제사를 드리는 자들이 많다. 예배에 관하여 분명한 의미를 후대 사람이 다 알도록 처음부터 하나님께서 모세와 그 당시 이스라엘 백성들에게 세밀(細密)하게(utmost in detail) "예배의 모든 규범"을 정성을 다하여 준비하게 하시는 모습을 볼 수 있다.

b. 제사장들의 직분: "예배드리는 자들"

"너는 아론과 그 아들들을 세워 제사장 직분을 행하게 하라. 외인(外人)이 가까이 하면 죽임을 당할 것이니라"(민 3:10) 비록 레위인들이라 할지라도 "성전" 안에는 들어갈 수 없다. 오직 제사장들만이 접근이 가능하다. 레위인들의 진에도 일반 백성들 뿐아니라 성막과 레위인들을 호위하여 지키는

"군인들"이라 할지라도 접근할 수 없다.

"¹⁵행진할 때에 아론과 그 아들들이 성소와 성소의 모든 기구 덮기를 필하거든 고핫 자손이 와서 멜 것이니라 그러나 성물은 만지지 말지니 죽을까 하노라. 회막 물건 중에서 이것들은 고핫 자손이 멜 것이며" "¹⁹그들이 지성물에 접근할 때에 그 생명을 보존하고 죽지 않게 하기 위하여 너희는 이같이 하여 아론과 그 아들들이 들어가서 각 사람에게 그 할 일과 그 멜 것을 지휘할지니라."(민 4:15, 19). 민수기 4:3절에 기록된

"회막봉사"라는 말(싸바(צבא))는 민1:3절의 "싸움" "전쟁"이라는 말과 같다. 무엇을 의미하는가?

2. 레위인

레위인은 "내 것이라"(민수기 3:12-14). "하나님께 특별히 소유된 족족"이라는 뜻이다. 구약 성경 전체에서 "거룩" 이라는 말이 약 576회 사용되고 있는데 레위기에만 77회 사용되고 있다. 레위족의 "성막봉사"와 그들의 삶의 "거룩성'은 불가분의 관계가 있다. 그들의 직무(민 3:17)는 다음과 같다.

(1) **고핫 자손: 민 4:4-15.** 아론의 아들들이 성소 안에 들어가서 성물들을 포장하고 덮개를 덮어 밖으로 옮긴 후에, 고핫 자손이 어깨에 매고 운반한다. 경고: 4:15, 19-20. **"죽을까 하노라"**(15절). **"죽지 않게 하기 위하여"**(19절). **"죽을까 함이라"**(20절). **하나님은 참으로 만홀히 여김을 받으실 분이 아니다**(갈 6:7).

(2) **게르손 자손: 4:22-28.**

(3) **므라리 자손: 4:29-49.**

(4) 일반 경고: 민 5:1-3. "진을 더럽히지 말라"

"회막봉사"는 레위인들에만 제한된 임무이다. "⁵¹장막을 운반할 때에는 레위인이 그것을 걷고 장막을 세울 때에는 레위인이 그것을 세울 것이요 외인이 가까이 오면 죽일지며 ⁵²이스라엘 자손은 막을 치되 그 군대대로 각각 그 진과 기 곁에 칠 것이나 ⁵³레위인은 증거막 사면에 진을 쳐서 이스라엘 자손의 회중에게 진노가 임하지 않게 할 것이라 레위인은 증거막에 대한 책임을 지킬지니라 하셨음이라"(민1:51-53).

3. 접근제한

(1) 제사장이 아닌 "외인"의 접근 금지.

a. 고라의 반란: "³⁴땅이 그 입을 열어. ." "³⁵여호와께로서 불이 나와서 분향하는 이백 오십 인을 소멸하였더라." "⁴⁰아론 자손이 아닌 외인은 여호와 앞에 분향하러 가까이 오지 못하게 함이며 또 고라와 그 무리와 같이 되지 않게 함이라"(민 16:31-35,40) "땅에 묻힌다"는 것과 "땅에 심킨다" 는 것은 천지 차이로 다른 운명이다. 35절, "분향하는" 자의 주의할 것은 이 사람들도 "여호와의 성막"에서 분향했던 사람들이다. 레위기 10:1-3절 말씀의 내용과 유사한 사건이다. 모든 "분향" 곧 "예배"가 다 하나님께 열납되는 예배가 아니다. 이들이 "제사장 직분"을 구하는 것은 "분수에 지나친 일"이다(민 16:7; 민 3:10). "하나님의 임재"에 들어간다는 것은 아무나 생각날 때 들어갔다가 또 원하면 나가버리는 그런 곳이나 관계가 아니다. 예수 그리스도의 피만이 오직 유일한 접근로가 된다. 그 피로 "거룩함"을 받지 아니한 자가 언제나 들락달락 할 수 있는 장소나

관계가 절대 아니다. "저가 한 제물로 <u>거룩하게 된 자들</u>을 영원히 온전케 하셨다"(히 10:14). 사제가 축복하면 그리스도의 몸으로 변한다고 하는 (hoc est porcus) 그 밀가루 빵이 인간의 죄를 씻는다는 주장은 얼마나 가공할 거짓(hocus-pocus)인가? 왜 고라의 반란 사건이 발생했는가? "하나님 말씀"을 지키지 않았기 때문이다.

하나님께서는 이스라엘 백성이 진을 칠 때, "회막에서 멀리 떨어져서(far off)" 진을 칠 것을 명하신 바 있다(민 2:2). 반란을 주도한 고라의 조상 고핫 자손의 가족들은 성막 남쪽에 진을 치도록" 명을 받았다(민 3:29). 고라의 반란에 가담한 "르우벤 자손"도 남쪽에 진을 치게 되었다(민 2:10). 고핫은 성막을 섬기는 자이기 때문에 백성과 먼 거리에 진을 쳐야 했다. 곧 "르우벤 자손의 진"과 먼 곳에. 그러나 그들은 가까운 곳에서 친교하게 되었던 같다. 고핫은 아론과 같은 레위족인데도, 지성소의 성물은 아예 만지지도 못하게 금지당하였다(민 4:15, 18-20). 아론과 그의 아들들에게 "선물"이 되어버렸다(민 8:19). 마음속에 불평이 생겼을 가능성이 있다. 르우벤은 장자였는데도, 장자권을 박탈당했다(창 49:3-4; 대상 5:1). 두 불평자들이 음모를 꾸민듯 하다. 근묵자흑(近墨者黑)이라. "내 아들아, 너는 여호와와 왕을 경외하고, 반역하는 자들과 사귀지 말라"(잠 24:21). 교회란 거역의 영을 십자가에 못박아버린 사람들의 모임이다. 그리스도인은 반역은 커녕, 죽음으로 충성을 다짐한 사람이다(행 20:24; 계2:10)

b. 성전

고라와 그의 일당들은 이미 "거역의 영"과 "원망의 영" "불평의 영" 곧 "다른 영들"이 그들 안에 들어와 있었다. 성령의 인도로 참 하나님께 경배드릴 수 없는 자들이다. "고란의 반란"을 살펴보면 "근묵자흑"이라는 세상 사람의 속담이나 "속지 말라. 악한 동무들은 선한 행실을 더럽게 한다"는 성경 말씀이 옳은 것을 알게 된다.

　i) 경고들:

　민 18:3 (제사장과 레위인의 구별)

　민 18:4 (외인에 대한 경고)

　민 18:7 (제사장 외에 다른 "외인"에 대한 경고)

　민 18:22 (이스라엘 자손) "회막에 가까이 말라. 죄를 당하여 죽을까 하노라."

　ii) 수행하는 직무: 오직 예배

　iii) 신약에서 "예배드리는 자들": 오직 성도들, 오직 영과 진리로.

(2) **"섬김"의 의미: [아베드**(abad, עבד) **출 3:12.] "아베드"는 종이 주인을 섬기다, 농부가 땅을 기경하다, 제사장이 하나님을 섬기다는 등의 의미가 있다. "섬긴다"는 의미의 또 다른 용어: "싸바".**

(3) **"싸바** (צבא)**의 첫 번째 의미: 전쟁하다, 싸우다, 싸우러 가다.**

민 1:3, 20, 22, 24, 26, 28, 30, 32, 34, 36, 38, 40

　이것이 이스라엘 백성 중 60만 대군이 하는 일이다. 이스라엘 군대의 최초의 조직은 정복이나 외적의 방어가 아니라 성막의 보호를 위한 것이다.

(4) **"싸바**(צבא)**의 두 번째 의미: "성막에서 섬기다" 민 4:3, 23, 30, 35, 39, 43 등 이것이 레위인들이 "성막에서 하나님을 섬기는 일"이다.**

II. 진 편성

A. 진편성의 물리적 구조

1. 진편성
22 쪽 "이스라엘의 진영"을 참조하라.

2. "진편성"의 성서적 의미

"성막 안"에는 오직 아론 족속에 속한 제사장들만이 출입할 수 있다. "성막 밖"에는 오직 레위족만이 진을 치고 성막을 보호한다. 성막을 지키는 레위족 밖의 지경은 이스라엘 군대 60만이 각 지파를 따라 진을 치고 성막을 보호한 것이다. 그러므로 "진편성"의 의도하는 바는 "예배의 보호"뿐만 아니라 "구별"을 가르치고 있다. 이스라엘 백성은 천하의 모든 민족들과 구별된 백성이다. 이스라엘 군대는(특별히 "싸바"의 임무를 가지고 있다) 약 250만 명이 넘는 일반 이스라엘 백성과 구별된 하나님의 군대이다. 레위족은 이스라엘 군대에 포위되어 그들의 보호를 받지만 이스라엘 군대와 구별된 족속이다. 레위족은 오직 제사장들을 도와 하나님께 제사드리는 일(이 일도 "싸바"라고 부른다)을 위해서 존재한다. 그러나 그들은 성막 안에는 들어가지 못한다. 그들은 제사장들과는 구별된 사람들이다. 차별(差別)이 아니라 성별(聖別)을 뜻한다.

⑴ "모든 문둥병자, 모든 유출병자, 모든 주검으로 부정케 된 자"는 "진

밖으로 내어보내라"(민 5:2).

(2) **첫 열매** (후에 다시 검토할 중요한 요소이다)

"공적 예배는 첫 열매들의 모임이 되어야한다. 그 첫열매는 하늘에서의 우리들의 신분 (혹은 상태) 의 견본이다." (Public worship should be a gathering of the firstfruits, a sampling of what is to be our lot in heaven.) (Lloyd-Jones, 에베소서 강해, p. 308.)

3. 하나님께서 계시(啓示)하신 예배드리는 형태를 범한 불행한 사건들을 살펴보면:

(1) **나답과 아비후**: 출 28 장, 29:1-9절에 기록된 모든 정교한 절차를 다 마치고 전 이스라엘 역사상 첫 번째 드리는 회중 예배 첫날 아침 그들은 바로 성소에서 처형되었다. "다른 불"을 드렸기 때문이다. 우리는 "다른 예배"드리는 일을 소홀히 생각할 것이 아니다. "이에 모세가 아론에게 이르되, 이는 여호와의 말씀이라. 곧 '나는 나를 가까이 하는 자 중에서 내가 거룩하다함을 얻겠고 온 백성 앞에서 내가 영광을 얻으리라' 하셨느니라 하매 아론이 잠잠하니라"(레 10:3, 레 [9:22-24; 10:1-3]) "법궤"에 대하여: 민 4:15; 대상 15:2, 12-15; 대하 8:11.

(2) **홉니와 비느하스**: 삼상 2:12 - 4:21

a. 삼상 2:12 "엘리의 아들들은 불량자라. 여호와를 알지 못하더라. 13 그 제사장들이…" (그들은 "제사장들"이었다).

b. 삼상 2:17 "이 소년들의 죄가 여호와 앞에 심히 큼은 그들이 여호와의 제사를 멸시(蔑視)[אָצַן, (나애쯔)] 함이었더라"

c. 삼상 2:25 "그들이 그 아비의 말을 듣지 아니하였으니 이는 여호와께서 그들을 죽이기로 뜻하셨음이었더라(26 절, 사무엘과의 비교).

d. 삼상 2:29 이들은 여호와의 "제물과 예물을 밟은 자들"이다.

e. 삼상 2:30 "나를 존중히 여기는 자를 내가 존중히 여기고 나를 멸시(蔑視)[בָּזָה("빠자")]하는 자를 내가 경멸히 여기리라." "빠자"라는 말은 말라기 2 장 7-9 절에서 많은 사람으로 정도를 떠나게 하고 레위의 언약 [예배의 규례들]을 파하고 여호와의 도를 지키지 아니한 제사장들에게 "나도 너희로 모든 백성 앞에서 멸시와 천대를 당하게"하시리라는 하나님의 말씀에 나타나고 있다. "이제 나 여호와가 말하노라…나를 존중하는 자를 내가 존중하고 나를 멸시하는 자를 내가 경멸하리라."(삼상 2:30)

f. 삼상 2:34-35 홉니와 비느하스가 한 날에 죽고, 하나님께서는 "내가 나를 위하여 충실한 제사장을 일으키리라"고 언약하신다.

g. 삼상3:14 "그러므로 내가 엘리의 집에 대하여 맹세하기를 엘리 집의 죄악은 제물이나 예물로나 영영히 속함을 얻지 못 하리라 하였노라"

(3) **사울 왕**(삼상 13:9-14)

(4) **베레사 웃사**(삼하 6:1-11).

(5) **이스라엘 백성 전체: 바벨론 포로**(사 1:11-17; 렘 14:10-16; 20:1-6; 말 1:6-13)

(6) **웃시야**(대하 27:14-21)

(7) **솔로몬**(출 22:20; 왕상 11:4-11)

⑻ "자비한 자에게는 주의 자비를 나타내시며, 완전한 자에게는 주의 완전하심을 보이시며 깨끗한 자에게는 주의 깨끗하심을 보이시며, 사특한 자에게는 주의 거스리심을 보이시리니 주께서 곤고한 백성은 구원하시고 교만한 눈은 낮추심 이니이다"(시 18:25-27).

⑼ "살아계신 하나님의 손에 빠져 들어가는 것이 무서울진저!" 히 10:31) "우리 하나님은 소멸하는 불이심이라"(히 12:29) "믿음으로 아벨은 가인보다 더 나은 제사를 하나님께 드림으로 이로써 '의로운 자'라 하시는 증거를 받았고 하나님이 그의 예물에 대하여 증거하심으로 그가 죽었으나 믿음으로 오히려 말하느니라"(히 11:4)

⑽ "그러므로 형제들아, 우리가 예수의 피를 힘입어 지성소에 들어갈 담력을 얻었 느니라"(히 10:19)

B. 하나님 임재의 보호

1. 성막의 보호

이전 그림에서 보는 바와 같이 "하나님의 성막"은 "하나님의 임재"를 뜻한다(마 23:21). 예수 그리스도의 몸이고(요 2:21), 당연히 예수님 몸 안에 아버지가 계신 것을 뜻한다(요 14:11).

이미 살펴본 바와 같이 성막은 "하나님의 임재" "예수 그리스도의 몸" 따라서 "교회" "성도" "예배" "구원" "하나님의 나라" "하나님의 거룩성" 등을 상징하고 있다. 하나님께서 절대 보호하실 대상이다. 성막을 건설하고 하나님께서는 다음과 같이 그 성막을 중심으로 이스라엘 백성이 진을 칠 것을 명령하셨다. 이미 언급한 바와 같이 동쪽 정문에는 모세와 대제사장 아론의 진이 위치한다. 나머지 남, 서, 북쪽은 **레위인 이만 이천명**이 삼 대로 나누어서 진을 친다. 모세에게 하나님께서는 다음과 같이 명하신다: "⁴⁷오직 레위인은 그 조상의 지파대로 그 계수에 들지 아니하였으니 ⁴⁸이는 여호와께서 모세에게 일러 가라사대 ⁴⁹레위 지파만은 너는 계수치 말며 그들을 이스라엘 자손 계수 중에 넣지 말고 ⁵⁰그들로 증거막과 그 모든 기구와 그 모든 부속 품을 관리하게 하라 그들은 그 장막과 그 모든 기구를 운반하며 거기서 봉사하며 장막 사면에 진을 칠지며 ⁵¹장막을 운반할 때에는 레위인이 그것을 걷고 장막을 세울 때에는 레위인이 그것을 세울 것이요 **외인이 가까이 오면 죽일지며** ⁵²이스라엘 자손은 막을 치되 그 군대대로 각각 그 진과 기 곁에 칠 것이나 ⁵³레위인은 증거막 사면에 진을 쳐서 이스라엘 자손의 회중에게 진노가 임하지 않게 할 것이라 레위인은 증거막에 대한 책임을 지킬지니라 하셨음이라 ⁵⁴이스라엘 자손이 그대로 행하되 여호와께서 모세에게 명하신 대로 행하였더라"(민 1:47-54).

"**외인이 가까이 오면 죽일지라.**" 성막에 대한 보호이다. 성막의 보호는 당연히 하나님의 임재에 대한 보호, 예수 그리스도의 "몸" 곧 교회에 대한 보호이고 예수 그리스도의 구속 사역에 대한 보호이며 성도와, 성도의 구원에 대한 보호이고 하나님 나라와 예배에 대한 보호이다. 현대 교회를 위해서는 "무엇으로부터 보호"인가? 물론 수 없이 많은 이단사상들과, 프로그램들과, 활동들이겠다. 다원주의, 신비주의, 회교주의, 제종교 통합주의, 로마주의(Roman Catholicism), 은사주의, 여성주의(Feminism), 문서비평(Documentary

Hypothesis), 관상기도, 이 모든 사상들을 포함한 세속(世俗)주의(secularism, 요일 2:15-17), 특히 트렌스휴머니즘(Transhumanism) 등이라 하겠다.

2. 육십만 이스라엘 군대의 보호

성막의 보호는 레위인의 포진에 끝난 것이 아니다. 이스라엘 백성 중에서 "싸움에 나갈 만한 자들" 603,550명이 레위인들의 진 밖에 둘러싸고 진을 친다. 이스라엘 12지파가 4개의 군단으로 편성하여 동서남북에 진을 친 것이다. 동쪽은 유다, 잇사갈, 스불론 세 지파의 186,400명의 병사가 진을 친다. 남쪽은 르우벤, 시므온, 갓 지파의 151,450명의 병사가 진을 치고, 서쪽은 에브라임, 므낫세, 베냐민의 세 지파 108,100명의 병사가 진을 친다. 북쪽은 단, 아셀, 납달리 세 지파 157,600명의 병사가 진을 친다.

이미 언급한 바와 같이 이스라엘 12지파는 레위를 포함한 야곱의 아들들 12명으로 시작된 것이다. 레위가 빠지면 11지파가 되어 성막의 동서남북에 진치는 숫자에 하나가 빠지기 때문에 하나님께서는 모세 이전 약 430년 전에 야곱을 통하여 13지파를 만들어 놓으신 것이다.

야곱이 요셉의 두 아들 에브라임과 므낫세를 "양자"로 입양하여, 이스라엘을 13지파로 만들어, 430년 동안 자라게 조치해 두었다. 그러므로 성막을 중심으로 이스라엘 12지파가 보호의 진을 편성한 것은 출애굽 이후 급조한 조치가 아니다. 이스라엘 백성 중에서 "싸움에 나갈 만한 자들" 육십만 대군이 레위인을 포위하여 보호하고 있고 레위인 이만 이천이 성막을 포위하고 보호하고 있다.

무엇을 중심으로 동서남북 진을 형성하였는가? 말할 필요도 없이 하나님의 법궤였다. "예배의 중심"인 성막을 중심으로 진을 편성하게 하신 것이다. 예수 그리스도의 구속사역 전체를 보호하고 있다. "그리스도의 몸"이다. 곧 그리스도의 생애와 사역, 그의 몸된 교회, 하나님의 백성, 성도, 예배, 하나님의 나라 등이다. 그리스도 외에는 접근이 불가능하며 일단 "성막" 안에 들어 오면 그 신분은 영원한 보장이다. 절대 아무도 빼앗을 수 없다. 이 사실은 이스라엘 백성들이 진에 머무르는 동안이나 진행하는 동안 이나 항상 "하나님의 말씀"이 중심이 되고, "여호와께 경배" 드리는 것이 중심이 되게 하는 정신을 가시적으로 보게 하신 것이다. 곧 "구속"과 "예배"가 중심이다.

III. 진의 진행

민수기 2:9-16, 17, 18-31을 참고하라.

유다족이 기수(旗手)가 되어 선두에 서서 행진하면 잇사갈, 수불론 지파 군대가 따르고 그 다음 남쪽에 주둔하였던 르우벤, 스므온, 갓 지파의 군대가 따르고 그 다음 레위족이 호위(護衛)한 성막이 뒤따랐다. 그 다음 서쪽 진에서 에브라임 진들이, 북쪽 진에서 단 지파의 진들이 **성막을 중심으로** 행군하였다. 다시 이 모든 군대와 레위족들과 성막은 지금 사라지고 없다. 이렇게 없어질 것들에 대한 하나님의 "열심"의 뜻은 무엇인가? 예배가 중심(中心, 重心)이다. 이처럼 예배(禮拜)는 구별(區別), 곧 성별(聖別)이다. "여호와께 거룩"이다.

A. 진의 보호와 질서

이스라엘 백성은 "구름"이 떠 오르면 진행하였다. 항상 여호와의 명령을 좇아 진행하였다.

"¹⁷구름이 성막에서 떠오르는 때에는 이스라엘 자손이 곧 진행하였고 구름이 머무는 곳에 이스라엘 자손이 진을 쳤으니 ¹⁸이스라엘 자손이 여호와의 명을 좇아 진행하였고 여호와의 명을 좇아 진을 쳤으며 구름이 성막 위에 머무는 동안에는 그들이 유진 하였고

(민 9:17-18). 곧 "그들이 여호와의 명을 좇아 진을 치며 여호와의 명을 좇아 진행하고 또 모세로 전하신 여호와의 명을 따라 여호와의 직임을 지켰더

라"(민 9:23).

어린 아이를 포함한 이스라엘 백성 약 250만과 수많은 짐승들이 진행할 때 그들은 오합지중 (烏合之衆)으로 행동하지 않았다. 출애굽 한지 정확하게 만 1년 2개월 20일 째에 유다지파를 "수두(首頭)"로 "시내 광야에서 출발"하였다. 민 10:11-14. 제 1 진은 유다, 잇사갈, 스불론, 세 지파, 186,400명의 군대가 앞섰다. 그 다음 진이 성막을 멘 레위인의 게르손 자손과 므라리 자손이 뒤를 따랐다. 그 다음 다시 르우벤, 스므온, 갓 지파의 151,450명의 병사들이 진군했다.

가장 중앙에 고핫 자손이 "성물을 메고" 진행하였다. 그 다음이 에브라임을 선두로 한 108,100명의 군사가 마지막으로 단을 선두로 단, 앗셀, 납달리 지파의 157,600명의 병사가 질서 있게 성막을 중앙에 두고 행진하였다. "예수를 믿는다"는 것은, 그리스도가 항상 삶의 중심이고, 가장 질서있는 삶을 뜻한다. 영과 혼과 몸이 다 함께, 부서진 세상에서 우리가 살 때, 우리에게 유일한 질서(秩序, Order)는 그리스도의 진(陳)이다.

진중(陳中)의 삶을 우리는 충성과 회개라고 할 수있다. "회개는 필수"적이다. 타락한 세상을 홍수로 진멸하시고, "의(義)의 사람" 노아와 그의 가족만을 구원 하실 때, 하나님 께서도 "한탄"(repent) 하심으로(창 6:6-7) 친히 우리 인간의 범죄에 대한 고뇌(苦惱)를 보여주신 바 바있다.

B.예외의 의미

유일한 예외(민 10:33; 신 1:33). 위에서 본 행진의 순서와는 달리 "예외"의 행진이 있었다. 하나님의 법궤가 모든 진의 앞장 서서 행할 때가 있었다. 여호와의 산에서 떠나 "3일 길을 행할 때," 여호와께서 친히 "그들의 쉴 곳" 곧 "장막 칠 곳"을 찾을 때 법궤가 앞서 길을 행하였다. 하나님의 쉴 곳이 아니라 백성들의 쉴 곳을 찾을 때 하나님이 앞장 선 모습니다. 왜냐하면 하나님께서는 따로 "쉴 곳"이 필요하시지 않기 때문이다. "여호와께서 이같이 말씀하시되 하늘은 나의 보좌요 땅은 나의 발등상이니 너희가 나를 위하여 무슨 집을 지을꼬 나의 안식할 처소가 어디랴"(사 66:1). 삼일 길을 하나님께서 앞서 행하시어 백성의 안식처를 친히 찾으셨다는 것은 대단히 감동적이다.

제3장

성막의 구조물들과 그 의미

Ⅰ. 번제단

A. "단(壇, altar)"의 의미

1. **"단"이란 "도살하는 곳"[(mizibehagah מזבח)], "하나님께 제물을 바치는 곳"을 뜻한다.**

제물은 동물, 곡물, 과일, 향, 포도주 등이었다. 궁극적으로 성서적인 "제단"은 그리스도께서 자신의 몸을 제물로 드려 인간이 지은 죄의 용서함을 받는 희생제물 사역을 상징한다.

제물을 드린 예들; 노아(창 8:20), 아브람(창 12:7), 이삭(창 26:24-25)이다.

성경에 기록된 최고의 제물은 아브라함이 이삭을 드리는 제물이다(창 22장). 이는 그리스도께서 자신의 몸을 번제로 드려 인류의 대속을 이룬 제물의 예표이다(히 11:17-19; 창 22:18). 바울의 증언과 같이(갈 3:16), "네 씨"는 복수로, "씨들, 곧 자손들"이 아니라, "네 씨"(곧 단수) "오직 하나를 일컬어 '자손에게'라 하였으니 곧 그리스도라"(갈 3:16).

2. 신약에 언급된 "제단"의 의미들

(1) **마 5:23-24.**

"²³ 그러므로 예물을 제단에 드리다가 거기서 네 형제에게 원망 들을 만한 일이 있는 줄 생각나거든 ²⁴ 예물을 제단 앞에 두고 먼저 가서 형제와 화목하고 그 후에 와서 예물을 드리라."

"제물"은 물론 "예배"이다. 예배란 오직 하나님께만 드리는 헌신(獻身)이다. 그러나 그 하나님께 드리는 예배가 "인간 상호 간의 관계"에도 진실성이 나타나야 한다. 그렇지 아니한 예배는 형식에 불과하다.

(2) **마 23:18-23.**

"¹⁸너희가 또 이르되 누구든지 제단으로 맹세하면 아무 일 없거니와 그 위에 있는 예물로 맹세하면 지킬지라 하는도다 ¹⁹소경들이여 어느 것이 크뇨 그 예물이냐 예물을 거룩하게 하는 제단이냐 ²⁰그러므로 제단으로 맹세하는 자는 제단과 그 위에 있는 모든 것으로 맹세함이요 ²¹또 성전으로 맹세하는 자는 성전과 그 안에 계신 이로 맹세함이요 ²²또 하늘로 맹세하는 자는 하나님의 보좌와 그 위에 앉으신 이로 맹세함이니라 ²³화 있을찐저 외식하는 서기관들과 바리새인들이여 너희가 박하와 회향과 근채의 십일조를 드리되 율법의 더 중한바 의와 인과 신은 버렸도다 그러나 이것도 행하고 저것도 버리지 말아야 할찌니라." 예배드리는 자가 형식적인 예배를 드릴 수 있다. 이러한 예배는 예수 그리스도의 드린 희생을 욕되게 하는 일이 된다. 왜냐하면 예배의 최고 형태는 예수 그리스도의 십자가 희생이기 때문이다. 마 23:18-23절 내용은 자기중심적, 이기적, 형식적-외식적 예배에 대한 경고이다.

(3) **눅 1:11 "주의 사자가 저에게 (제사장 사가랴) 옆에 나타나 향단 우편에 선지라**

이 내용은 출 30:1-6 절에 언급된 향단을 의미한다.

(4) **롬 11:3. "주여 저희가 주의 선지자들을 죽였으며 주의 제단들을 헐어버렸고 나만 남았는데 내 목숨도 찾나이다."[엘리야. 왕상 19:10,**

14]

(5) 약 2:21. "²¹우리 조상 아브라함이 그 아들 이삭을 제단에 드릴 때에 행함으로 의롭다 하심을 받은 것이 아니냐 ?"

(6) 계 16:6-7. "⁶저희가 성도들과 선지자들의 피를 흘렸으므로 저희로 피를 마시게 하신 것이 합당하니이다 하더라 ⁷또 내가 들으니 제단 이 말하기를 그러 하다 주 하나님 곧 전능하신 이시여 심판하시는 것이 참되시고 의로우시도다 하더 라" "제단이 말하다" 이 내용은 이미 언급한 바와 같이 "성막"은 그 전체가 다만 구조물이 아니라 예 수 그리스도의 사역과 인격을 상징하며 그분의 모형이라는 주장을 확인한다.

3. "제단"은 하나님의 은총과 동시에 하나님의 심판을 의미한다.

"모든 사람이 죄를 범하였으매 하나님의 영광에 이르지 못하였느니 라"(롬 3:23). 죄인인 인간이 하나님을 만나는 첫 번째 장소가 번제단이다. "제 단"은 하나님의 진노이다. 곧 십자가의 상징이다. 따라서 그리스도의 십자 가는 하나님의 인간을 향한 진노가 쏟아 부어진 현장이다. 그리스도의 십자 가는 하나님의 인간을 향한 사랑의 절정 이다. 번제단의 불길 속에서 하나 님의 진노와 사랑이 함께 타고 있었다. 이제 믿는 사람들에게는 그 진노는 타서 사라졌고 "새 생명의 은혜" 속에 살게 하셨으며(롬 6:4), 믿지 않는 사람 에게는 이 진노의 불길 속에서 영원한 형벌만이 남아있는 것이다. "¹⁸하나님 의 진노가 불로 진리를 막는 사람들의 모든 경건치 않음과 불의에 대하여 하늘로 좇아 나타나나니"(롬 1:18). 그러나 하나님은 이 진노를 인간에게 다

쏟아 붓지 아니하시고, 오직 자신이 이 진노를 받으신 것이다. 그래서 이 번제단은 또한 하나님의 사랑의 장소이다. "[16]하나님이 세상을 이처럼 사랑하사 독생자를 주셨으니 이는 저를 믿는 자마다 **멸망치 않고 영생을 얻게** 하려 하심이니라"(요 3:16). 하나님의 사랑이 이렇게 나타난 것이다. 하나님의 사랑이 이렇게 번제단에서 준비되었고 성취되었다. 그러므로 요 3:16절은 단독으로 행하지 않고 항상 14절에서 17절까지 함께 간다.

히 10:1-20 절 말씀에 "[1]율법은 장차 오는 좋은 일의 그림자요 참 형상이 아니므로 해마다 늘 드리는 바 같은 제사로는 나아오는 자들을 언제든지 온전케 할 수 없느니라 [2]그렇지 아니하면 섬기는 자들이 단번에 정결케 되어 다시 죄를 깨닫는 일이 없으리니 어찌 드리는 일을 그치지 아니하였으리요 [3]그러나 이 제사들은 해마다 죄를 생각하게 하는 것이 있나니 [4]이는 황소와 염소의 피가 능히 죄를 없이하지 못함이라 [5]그러므로 세상에 임하실 때에 가라사대 하나님이 제사와 예물을 원치 아니하시고 오직 나를 위하여 한 몸을 예비하셨도다 [6]전체로 번제함과 속죄제는 기뻐하지 아니하시나니 [7]이에 내가 말하기를 하나님이여 보시옵소서 두루마리 책에 나를 가리켜 기록한 것과 같이 하나님의 뜻을 행하러 왔나이다 하시니라 [8]위에 말씀하시기를 제사와 예물과 전체로 번제함과 속죄제는 원치도 아니하고 기뻐하지도 아니하신다고 하셨고(이는 다 율법을 따라 드리는 것이라) [9]그 후에 말씀하시기를 보시옵소서 내가 하나님의 뜻을 행하러 왔나이다 하셨으니 그 첫 것을 폐하심은 둘째 것을 세우려 하심이니라 [10]이 뜻을 좇아 예수 그리스도의 몸을 단번에 드리심으로 말미암아 우리가 거룩함을 얻었노라 [11]제사장마다 매일 서서 섬기며 자주 같은 제사를 드리되 이 제사는 언제든지 죄를 없게 하지 못하거니와 12오직 그리스도는 죄를 위하여 한 영원한 제사를 드리시고 하나님 우편에 앉으사 13그 후에 자기 원수들로 자기 발등상이 되게 하실 때까지 기다리시나니 14저가 한 제물로 거룩하게 된 자들을 영원히 온전케 하셨느니라 15또한 성령이 우리에게 증거하시되 16주께서 가라사대 그날 후로는 저희와 세울 언약이 이것이라 하시고 내 법을 저희 마음에 두고 저희 생각에 기록하리라 하신 후에 17또 저희 죄와 저희 불법을 내가 다시 기억지 아니하리라 하셨으니 18이것을 사하셨은즉 다시 죄를 위하여 제사드릴 것이 없느니라 19그러므로 형제들아 우리가 예수의 피를 힘입어 성소에 들어갈 담력을 얻었나니 20그 길은 우리를 위하여 휘장 가운데로 열어 놓으신 새롭고 산 길이요 휘장은 곧 저의 육체니라."

4. 고대 중동의 모든 민족은 다 같이 희생제물을 그들의 신들에게 드렸다.

그러므로 제사드리는 것이 이스라엘 백성에게만 독특한 제도는 아니다. 습관과 전통으로 말하면 성경에 언급되고 있는 여호와 하나님께만 제사드리는 것, 곧 예배드리는 것이 이스라엘 백성과 그리스도인들에게만 유별나고 독특한 것은 아니라는 것이다. 그러므로 우리가 하나님께 드리는 예배는 그들과 절대 다른 점들이 있고 이 다른 예배를 위해서 성경에 기록된 것이다.

5. "번제단"은 곧 예수 그리스도께서 자신의 몸을 번제로 드린 곳을 상징

하는 것이다. 이방인들의 다른 모든 제사, 곧 사람을 제물로 드린 제
사나 동물을 제물로 드린 제사 들은 하나님 앞에 가증한 혐오의 대상
이다.

B. 번제

1. 번제에 대해서

성막의 동쪽 입구에서 성막에 들어가면 가장 먼저 만나는 것이 "번제
단"이다. 하나님께 나아가는 자가 가장 먼저 대하게 되는 "번제단"은 우연
이 아니다.

"거룩"과 "속된 것"에 대한 하나님의 영원한 계시가 있다. "거룩"은 "속
된 것(common)"의 반대이고 "정결(clean)"은 "부정한 것(unclean)"과 반대이다.
"부정한 것"과 "거룩한 것"은 영원히 만날 수 없는 두 개의 다른 상태이다.
"부정"과 "거룩"이 만나면 그 결과는 언제나 "죽음"이다.

"[20]만일 몸이 부정한 자가 여호와께 속한 화목제 희생의 고기를 먹으면
그 사람은 자기 백성 중에서 끊어질 것이요 [21]만일 누구든지 부정한 것 곧
사람의 부정이나 부정한 짐승이나 부정하고 가증한 아무 물건이든지 만지
고 여호와께 속한 화목제 희생의 고기를 먹으면 그 사람도 자기 백성 중에
서 끊어지리라"(레 7:20-21).

"그들에게 이르라 무릇 너의 대대 자손 중에 그 몸이 부정하고도 이스
라엘 자손이 구별하여 여호와께 드리는 성물에 가까이하는 자는 내 앞에서
끊어지리라 나는 여호와니라"(레 22:3). "너희는 이와 같이 이스라엘 자손으

로 그 부정에서 떠나게 하여 그들로 그 가운데 있는 내 장막을 더럽히고 그 부정한 중에서 죽음을 면케 할지니라"(레15:31).

신약 말씀의 표현으로 옮기면, "너희가 하나님의 성전인 것과 하나님의 성령이 너희 안에 거하시는 것을 알지 못하느뇨 누구든지 하나님의 성전을 더럽히면 하나님이 그 사람을 멸하시리라 하나님의 성전은 거룩하니 너희도 그러하니라"(고전 3:16-17)

번제단의 제사는 훗날 예수 그리스도의 대속사역인 십자가의 모형이다. 전 인류의 구원이 이루어지는 곳이다. 믿음의 제사로 하나님을 만나는 사람이나 불신의 상태로 하나님을 만나는 사람이나 다 같이 "죽음"을 겪는 것은 동일하다. 다만 "믿음의 제사"를 드리는 사람 곧 구원을 받은 사람은 "새 생명"을 받을 것이며(롬 6:4), 불신으로 하나님을 만나는 자는 그 (육신의) 죽음이 영원한 "멸망"이 된다.

"³ 이는 너희가 죽었고 너희 생명이 그리스도와 함께 하나님 안에 감추었음이니라"(골 3:3). 이와 같이 "거룩하지 아니한" 인간이 "거룩하신 하나님"을 만나게 될 때 첫 번째 발생하는 사건이 곧 "죽음"이다. 로마서 1:17-18절 내용의 말씀과 같다. 믿음의 사람은 영원한 "새 생명"을 받고 불신의 사람은 영원한 형벌을 받는다. 먼저 죽지 아니한 사람에게 절대 "새 생명"이 없다. 무엇에 대하여 죽었는가? 무엇이 죽었는가? "죄에 대하여 죽고 의에 대하여 살아났다." 그리스도인은 죄에 대하여 죽었고, 의에 대하여 살았다. "옛사람과 그 행위를 벗어버렸다 [죽었다]"(롬 6:2-8, 11, 14-15, 18, 22) (골 3:9-10).

2. 구체적인 내용을 레위기에서 보면:"번제의 특성": "번제"에 나타난 "예

배의 핵심"을 배워야 한다. 그 핵심은 그리스도의 인격과 그리스도의 사역이다.

⑴ 레위기 1장 3절, 10절: "흠이 없는 것" 이어야 한다.

"흠 없는 제물"이란 무엇보다 먼저 "흠 없는 그리스도의 속죄 제물" 되심의 예표이다(히 9:14). 이 번제는 훗날 예수님께서 이루시게 될 인류 구속의 상징이기 때문에 번제 특성 중 가장 중요한 것이 절대 "흠 없는 제물" 이어야 했다. 이는 또한 그리스도의 신분을 나타내고 그리스도인들의 신분을 나타내고 있는 예표(豫表)이기 그 때문에 여기서부터 우리는 "거룩"(holiness) 곧 "성별"과 "구별"(separation)에 대한 하나님 뜻을 배우게 된다. 번제로부터 "구속", "대속", "성도"[하나님의 사람], 예배 등의 핵심을 배워야 한다.

a. 하나님께서는 절대 흠 없는 예배를 요구하신다.

"흠 없는 수컷"을 "회막 문"에서 "여호와 앞에서 열납되도록 드려야 한다"(레 1:3,10). 예배드리는 자는 "흠 없는 것을 준비" 해야 한다(레 22:19-21). 참 예배는 반드시 준비해야 한다. "성령의 감동으로 예배드린다" 라고 주장하면서 즉흥적으로 드리는 예배는 결코 열납되지 않는다. 성령께서는 반드시 "준비" 때부터 함께하신다. 따라서 "흠 없는 제물"은

i) 그리스도께 적용될 때는 "죄 없는 예수님"을 뜻하고 " [18]너희가 알거니와…망령된 행실에서 구속된 것은 은이나 금같이 없어질 것으로 한 것이 아니요 [19]오직 흠 없고 점 없는 어린 양 같은 그리스도의 보배로운 피로 한 것이니라"(벧전 1:18-19)

ii) 성도들에게 적용될 때는 "흠 없는 예배"를 뜻한다. 이것은 하나님께

서 "흠 없는 어린양" 그리스도를 예비하심과 같다. 하나님께서는 흠 없는 "제물"을 준비하셨는데 사람은 흠 있는 [부정한] 예배를 드릴 수 없는 것이다. 하나님께서 "본(本)"을 보여주신 것이다.

iii) 하나님께서는 당신께 예배드리는 "예배자"의 삶을 어떻게 요구하시는가?

"그러므로 형제들아 내가 하나님의 모든 자비하심으로 너희를 권하노니 너희 몸을 하나님이 기뻐하시는 거룩한 산 제사로 드리라 이는 너희의 드릴 영적 예배니라 ²너희는 이 세대를 본받지 말고 오직 마음을 새롭게 함으로 변화를 받아 하나님의 선하시고 기뻐하시고 온전하신 뜻이 무엇인지 분별하도록 하라" (롬 12:1-2) "¹⁴그러므로 사랑하는 자들아 너희가 이것을 바라보나니 주 앞에서 점도 없고 흠도 없이 평강 가운데서 나타나기를 힘쓰라"(벧후 3:14) 교회란 그 머리가 주 예수 그리스도이고, 그 지체는 성도(聖徒)이다. 한 몸이다.

b. 예배드리는 자가 <u>스스로</u> 예물을 <u>회막문으로</u> 가져와야 한다.
   i) 그리스도께 적용하면 예수님께서 스스로 "속죄물" 될 것을 택하신 것과 같다.
   ii) 그리스도인에게 적용할 때는 "대리 예배"라는 것이 없다. "죄의 공적(公的), 공개적 인정"을 의미한다. 다른 사람을 위한 면죄부라는 것은 절대 없다.

c. 예배드리는 자가 <u>스스로</u> 번제물(동물)을 죽이고 각을 뜨고 씻고 나서

각 부분 들을 제사장에게 바친다. 동물을 "**죽이는 일**" "**각을 뜨는 일**" 을 **스스로 해야 한다.** 제물을 **씻는 일**을 **스스로** 행해야 한다.

d. 제사장이 그 각 부분을 제단 위에 **질서 있게 정렬한 후**(7, 8절). "벌려놓는다" 라는 말은 "정렬한다"(arrnage in order)라는 뜻이다. 불로 태울 때 그 탄 연기가 **위로 올라 가는 것**을 **스스로** 지켜본다. 번제(燔祭)란 히브리어로 "올라"(olah, עלה) 라고 하는데 "올라간다"(ascending)라는 뜻이다. 하나님께 올라간다는 뜻이다. "**하나님께만 올려드린다.**" 라는 뜻이다.

e. 이러한 번제는 "하나님과의 화평"을 상징한다. "회막문에서 여호와 앞에 열납 되도록" 죄인인 인간은 "하나님의 화평"을 소유할 수 있기 전에 먼저 "하나님과의 화평"을 받아야 한다. 번제의 주요 기능은 "하나님과 인간과의 화해"를 의미한다. 죄로 인하여 인간이 하나님과 원수 되었을 때 화목제물을 불에 태워 속죄함으로 하나님과 "화목"을 이루는 모형 중 하나가 곧 번제이다. "그러므로 우리가 믿음으로 의롭다 하심을 얻었은즉 우리 주 예수 그리스도로 말미암아 하나님으로 더불어 화평을 누리자." 골 1:20. "그의 십자가 피로 화평을 이루사 만물 곧 땅에 있는 것들이나 하늘에 있는 것들을 그로 말미암아 자기와 화목하게 되기를 기뻐하심이라"(롬 5:1).

이 번제(燔祭)는

   i) 예배를 받으시는 하나님의 용서와

ii) 예배드리는 성도의 믿음, 순종, 헌신을 상징한다.

f. 번제란 아침저녁으로 드리는 제사이다. 삶 자체가 예배라는 뜻이다. 상번제(常燔祭)이다. 인간의 죄성과 하나님의 거룩하심을 아침저녁으로 상기(想起)하게 하는 의미이다.

(2) **레위기 1장 3절: 반드시 "하나님께 열납되도록" 드려야 한다.**
　　a. 그리스도께서는 "하나님께 열납되는 제물로 자신을 드렸고"
　　b. 그리스도인들은 "하나님께 열납되는 예배"를 드려야 한다.

예배의 내용과 절차와 모든 활동이 "하나님께 열납되도록" 드리는 것이 가장 큰 요구이다. 사람이 자기 생각하기에, 자기 보기에, 듣기에, 만족한 그런 예배는 절대 하나님께는 열납될 수 없다. 열납 되지 않는 제물이 있다. 열납되지 않는 예배가 있다. 레 7:18; 22:23, 렘 14:12, 호 8:13, "너희가 내게 번제나 소제를 드릴지라도 내가 받지 아니할 것이요 너희 살진 희생의 화목제도 내가 돌아보지 아니하리라"(암 5:22). 하나님께 드리는 "찬양"이라는 것이 현대인의 마음에 만족감을 주는 것들을 만들어 어깨를 흔들며 유행가처럼 흥얼거리는 것은 찬양도 아니고 예배도 아니다. 신약 교회 예배의 정신은 "그리스도의 십자가"와 "긍휼"의 정신이다. 공적(公的) 예배(public worship)는 언제나 자신의 개인 중심이 아니라 "하나님을 향하여"(위를 향하여 올라감 [ascending])과 "이웃을 향하여" 베풂이 중심이 된다(예: 십일조와 헌금의 정신, 제사장, 레위인, 가난한 자들, 거류자, 외국인, 고아와 과부 등). 예배의 말씀도 항상 "그리스도의 십자가"가 중심이 되고 그 정신은 "긍휼"이어야 한다. "내가 너희 중에서 예수 그리스도와 그의 십자가에 못 박히신 것 외에는 아무것도 알지 아니 하기로 작정하였음이라"(고전 2:2). 마 12:7 "나는 자비를 원하고 제사를 원치 아니하노라 하신 뜻을 너희가 알았더면 무죄한 자를 죄로 정치 아니하였으리라." 롬 13:10 "사랑은 이웃에게 악을 행치 아니하나니 그러므로 사랑은 율법의 완성이니라" 롬 12:10-11. "¹⁰형제를 사랑하여 서로 우애하고 존경하기를 서로 먼저 하며 ¹¹ 부지런하여 게으르지 말고 열심을 품고 주를 섬기라." 예배드리는 자에게 이 열심의 마음을 일게 하지 않는 설교나 예배는 사명을 다하지 못하는 것이며, "하나님 집의 마당만 밟고" 가게 하는 공허(空虛)한 연설이나, 여흥이 되지 않도록 조심할 것이다.

(3) **레위기 1장 4 절: "제물의 머리에 안수할지니" 구약에서 "안수"란 손을 머리에 살짝 얹는 것을 의미하는 것이 아니다. 안수, 곧 "사멕"(samak סָמַך)이란 "짓누른다" "몸을 기댄다"라는 뜻이다. 제물을 드리는 자가 "희생물로 바쳐지는 제물에게 완전히 기댄다. 몸을 의지한다"라는 뜻이다. 전적으로.**

a. 그 안수의 의미는:

  i) 첫째 "동일 신분" 입증이다. 제물을 드리는 자와 "제물"과 완전 일체라는 뜻이다.

  ii) 두 번째는 훗날 "예배드리는 자"와 "예배받으시는 하나님과의 일체"를 의미한다. (성막의 구조에서 설명한 바와 같음)

b. **죄의 전가를 의미한다.**

성서적 구원 교리에 있어서 가장 중요한 것은 "죄의 전가" 교리이다. 대속의 교리이다. 곧 칭의라는 것이다. 제사 드리는자의 "죄"가 제물에게 "옮겨졌다"는 뜻이다. "나의 죗값"인 "사망"이 "제물" 에 완전히 옮겨졌다는 뜻이다. **죗값이 지급된 후에는 사망에 머물러 있는 상태가 아니다.** 내가 구원받은 것이 확실하면, 그리스도의 "제사"가 내게 확실히 이루어졌으면, 하나님께서 나를 보셨을 때, 죄를 찾을 수 "없다"라는 뜻이다.

"완전히 옮겨져 버렸기" 때문이다.

"¹²오직 그리스도는 죄를 위하여 한 영원한 제사를 드리시고 하나님 우편에 앉으사 ¹³그 후에 자기 원수들로 자기 발등상이 되게 하실 때까지 기다리시나니 ¹⁴저가 한 제물로 거룩하게 된 자들을 영원히 온전케 하셨느니라"(히 10:12-14). "¹⁷또 저희 죄와 저희 불법을 내가 다시 기억지 아니하리라 하셨으니 ¹⁸이것을 사하셨은즉 다시 죄를 위하여 제사 드릴 것이 없느니라"(히 10:17,18). "이러한 뜻을 따라 예수 그리스도께서 한 번에 몸을 드리심으로 우리가 거룩케함을 얻었느니라"(히 10:10)

그러나 우리는 여전히 죄를 짓고 산다. 우리는 여기서 참으로 정직하게 우리를 살펴보아야 할 필요가 있다. 우리가 지금까지 강조한 내용은 어떠한 것들인가? "그리스도의 은혜로 죄 용서받았다." "그리스도인도 죄를 짓고 산다." "그리스도인도 죄지을 수 있다." "⁸만일 우리가 죄 없다 하면 스스로 속이고 또 진리가 우리 속에 있지 아니할 것이요"(요일 1:8). 필자가 이 내용을 강조하는 이유는 이 내용이 자신의 "부족"을 항상 정당화하기 때문이다.

"안수"로 나의 죄가 그리스도께 전가되어서 속(贖)함을 영원히 받았을 뿐 아니라 그리스도의 의가, 그리스도의 **거룩**이 나에게 전가되어서 내가 "의인이 되었고 내가 거룩한 사람 되었다"는 것이 사실이다. 죄인의 "**옛사람은 번제의 제물같이 완전히 다 타버린 것이다.**"

그래서 제물은 제물 드리는 자의 "죗값"이 된 것이다. "속량하는 금전" 곧 "속전"이 된 것이다. **죄 값이 완전히 지불된 것**이다. 이것이 바로 신약에서 우리의 죄가 그리스도께 전가되는 것이고, 그리스도께서 믿는 자의 죄를 완전히 속량했다는 뜻이다. 하나님의 진노가 그리스도의 제사를 통해서 우리에게 "의"가 된 것이다. 우리가 은혜받을 자격이 전혀 없음에도 불구하고 그리스도의 대속으로 그의 의가 우리에게 전가(轉嫁)된 것이다(imputated 된 것이다.)

기독교의 교리 중 가장 중요한 교리 중 하나가 "믿음으로 의롭다고 함을 받는다"는 교리이다. 반면 가톨릭교회의 칭의 교리는 인간이 어떤 수준에 도달함으로 **의롭게 되어** 하나님께서 보시고 "아, 이제는 의인이 되었다"라는 교리이다. 절대 비성서적이다. 그뿐만 아니라 그들은 사람들을 의롭게 만들어 주는 소위 "하나님의 은혜"를 **가톨릭교회의 성례를 통해서 부어진다**는 것이다. 이 "부어진다"라는 것이 곧 "Infusion"이라는 것이다. Infusion 이란 "불어넣는다" "고취한다" "영감을 넣어준다" "물을 부어 채운다"라는 등의 의미가 있다.

가톨릭교회의 교리에 의하면 가톨릭교회의 사제가 성례를 통해서 "부어주는 은혜"(infused grace)를 인하여 내가 의로워졌을 때, 하나님 앞에 의인이 되었다는 것이다. 이 땅에서 이 수준에 도달할 인간이 없으므로 그들은 다른 단계를 준비해 두어야 한 것이다. 곧 연옥(purgatory)이라는 것이다. 물론 하나님 말씀에 없는 내용이고 그 개념도 없다. 그러면 어디서 들어왔는 가? "마카베오하 12:45절"이다. ["그가 죽은 자들을 위해서 속죄의 제물을 바친 것은 그 죽은 자들이 죄에서 벗어날 수 있게 하려는 것이었다." The Jerusalem Bible, p. 713, note: "This is the only O. T. text mentioning an intermediate state where the souls of the dead are purified, and assisted in the process by the prayers of the living, i.e. **purgatory**."]

만약 "안수"에 전가의 의미가 아니라 이러한 "전이(轉移)"의 의미가 있다 면 이는 이미 비성서적이다. 사도 시대가 아니라 지금 어떤 사람이 안수해 서 성령 받는다는 등의 주장은 모두 거짓이다. 완전히 전가되었다는 것은 또 다른 구속자나 구속 사역이 절대 필요 없다는 뜻이고 우리의 죄 문제가 "단번에(once and for all)" 완전히 해결되었다는 뜻이다. "대속(代贖)"의 제사가 드려졌으므로 다시는 드릴 동물 제사가 없다.

"¹⁰이 뜻을 좇아 예수 그리스도의 몸을 단번에 드리심으로 말미암아 우 리가 거룩함을 얻었노라 ¹¹제사장마다 매일 서서 섬기며 자주 같은 제사를 드리되 이 제사는 언제든지 죄를 없게 하지 못하거니와 ¹²오직 그리스도는 죄를 위하여 한 영원한 제사를 드리시고 하나님 우편에 앉으사 ¹³그 후에 자 기 원수들로 자기 발등상이 되게 하실 때까지 기다리시나니 ¹⁴저가 한 제물 로 거룩하게 된 자들을 영원히 온전케 하셨느니라 ¹⁷또 저희 죄와 저희 불법 을 내가 다시 기억지 아니하리라 하셨으니 ¹⁸이것을 사하셨은즉 다시 죄를 위하여 제사 드릴 것이 없느니라"(히 10:10-14, 17-18).

c. 안수를 통하여

i) 우리의 죄가 그리스도께 전가된 것 같이

ii) 구속을 통하여 그리스도의 생명과 거룩함이 우리에게 전가된 것이다. "죄의 전가"가 실제라면, 그리스도의 생명과 거룩의 전가(轉嫁)도 실제이다.

d. 레위기 1장 4절: "그를 위하여 속죄가 될 것이라" "속죄" 곧 "구속"의 의미는:

i) 하나님께서 번제를 받으시고 예배드리는 자의 죄를 사하신다는 뜻이다. "번제가 예배자의 죄를 대속하였다."

ii) "예배드리는 자는 예배받으시는 분에게 순종한다"는 뜻이다. 번제와 순종의 예에 있어서 그 절정은 "아브라함의 번제"이다(창 22:2-3).

iii) 그러므로 "순종"이 없는 예배는 예배가 될 수 없다.

"²² 사무엘이 가로되 여호와께서 번제와 다른 제사를 그 목소리 순종하는 것을 좋아하심 같이 좋아하시겠나이까 순종이 제사보다 낫고 듣는 것이 수양의 기름보다 나으니 ²³ 이는 거역하는 것은 사술의 죄와 같고 완고한 것은 사신 우상에게 절하는 죄와 같음이라. 왕이 여호와의 말씀을 버렸으므로 여호와께서도 왕을 버려 왕이 되지 못하게 하셨나이다" (삼상 15:22-23). 불순종으로 사울은 "나라"를 잃고 훗날 "생명"을 잃었다.

e. 구속(救贖 kipper)이라는 말은

i) "닦아서 정결케 한다" 는 뜻이 있다. 무엇으로 정결케 하는가?

"대속한 제물의 피"이다. "번제단"을 속죄하고(레 4:25) 심지어는 "속죄소" (mercy seat)를 속죄하고 "회막"을 속죄한다(레 16:14-20). 왜 거룩한 지성소 안에 있는 가장 거룩한 "속죄소"를 속죄해야 하는가? 성전 전체가 그리스도의 몸이기 때문이다 (요 2:21). "성도 (holy ones)의 몸" 곧 "교회"이기 때문이다. 청결 (정결함, 거룩함, 구별)이 핵심이다. "³³너희는 거하는 땅을 더럽히지 말라 피는 땅을 더럽히나니 피 흘림을 받은 땅은 이를 흘리게 한 자의 피가 아니면 속할 수 없느니라 ³⁴너희는 너희 거하는 땅 곧 나의 거하는 땅을 더럽히지 말라 나 여호와가 이스라엘 자손 중에 거함이니라"(민 35:33-34). "마음이 청결한 자는 복이 있나니 저희가 하나님을 볼 것이다"(마 5: 8). (Only the pure are fit for God.) (G. J. Wenham, Leviticus, p. 59)

ii) "구속"이라는 말은 속전(贖錢, ransom) 이라는 뜻이다.

"³¹살인죄를 범한 살인자 생명의 속전을 받지 말고 반드시 죽일 것이며 ³²또 도피 성에 피한 자를 대제사장의 죽기 전에는 속전을 받고 그의 땅으로 돌아가 거하게 하지 말 것이니라"(민 35:31,32). 그리스도께서 다 이루신 구속 사역이 믿는 자에게 "형식적 신앙"이 되지 않도록 구약의 제사제도에서부터 면밀한 경계가 나타나고 있다. 번제 드리는 전체의 기간 동안 제사장들과 예배드리는 자들 간에 긴 침묵 속에서 오직 번제물과 번제 드리는 일에만 주의를 집중하도록 진행되어 가고 있다. 따라서 제사장은 이 의식 (rites)들 그 자체가 목표가 되거나 어떤 마력 (magic power)을 갖지 않는다는 것으로 매우 조심스럽게 제사를 집행한다. 이 모든 안수와 대속의 의미는 무엇인가? 인간의 "자력 구원"사상이 우상 숭배라는 것이다. 인간의 완전 타락 상태를 선포하는 것이다. 하나님께

대한 의뢰란 구원뿐 아니라 삶에서도 요구되는 신앙이다. "내가 사는 것이 아니라 내 안에 그리스도"라는 것이다.

아랍어의 "캅파라"(kappara)는 "덮는다"라는 뜻이 있는데 구약성경의 "kipper"가 이러한 의미로 사용되는 것은 거의 부인되고 있다고 한다. 따라서 "구속(救贖)"은 속죄와 순종을 뜻한다. "순종이 없는 예배는 빈 예배 (empty worship) 이다."

    iii) 구속은 예수님께서 본을 보이신 것 같이 "자신을 드린다"라는 중요한 의미가 있다.

"그러므로 형제들아 내가 하나님의 모든 자비하심으로 너희를 권하노니 너희 몸을 하나님이 기뻐하시는 거룩한 산 제사로 드리라 이는 너희의 드릴 영적 예배니라"(롬 12:2).

f. 레위기 외에 언급된 "번제"의 내용들을 보면

    i) 창 8:20-21: 노아의 번제

    ii) 욥 1:5: 욥이 매주 자녀들을 위하여 번제를 드렸다.

    iii) 창 22 장: 아브라함이 이삭을 드린 번제

    iv) 출 24:3-8: 모세가 언약을 맺은 후 드린 번제.

    v) 삼하 24:25: 다윗이 인구조사로 인한 재앙을 회개한 번제.

    vi) 사무엘, "순종이 제사보다 낫다."

"사무엘이 가로되 여호와께서 번제와 다른 제사를 그 목소리 순종하는 것을 좋아하심 같이 좋아하시겠나이까 순종이 제사보다 낫고 듣는 것이 수양의 기름보다 나으니라"(삼상 15:22).

vii) 왕상 18:38-39: 엘리야의 번제.

g. 결론: **번제란 완전한 순종과 헌신을 의미한다.** 이것이 바로 예수께서 십자가에서 드린 희생이다. 예배[제사]란 반드시 순종의 표현이 되어야 하며, 순종이 없는 예배는 빈 예배이다.

⑷ 레위기 1장 5 절: "여호와 앞에서 잡을 것"이란, 여호와 앞에서 죽인다는 뜻이다.

"여호와 하나님의 목전에서"라는 의미이다. 그의 눈앞에서 예배드리는 자에게 있어서 가장 중요한 것은 지금 내가 "누구 앞"에서 예배드리는가 하는 의식(意識)이다. 현대 교회 예배에는 경외감이 없다. 여호와 앞에서 드리는 예배가 아니라 사람 앞에서 즐기는 여흥(entertainment)으로 전락했다. "여호와 앞에서 우리의 옛사람은 죽고 예수님의 생명이 살아나는 것"이 곧 성도(聖徒)가 드리는 예배이다.

로마 가톨릭교회나 정교회 등이 보이는 "의식(儀式)"의 예배도 예배가 아니다. "죄는 오직 죽음으로만 속죄된다". 그리스도께서 속죄 제물로 단번에 죽으셨기 때문에 다른 모든 제사는 필요 없을 뿐 아니라 다른 제사는 실제로 우상숭배이다. 가톨릭의 "Eucharistic Sacrifice"(성찬 제사, 성체성사)는 반기독교이며 우상숭배이다.

* 로마 가톨릭의 "교회 교리서"를 보면:

"1414 희생 제사로서 성찬례는 산 이와 죽은 이들의 죄에 대한 보상으로도 바치는 것이며 하느님께 영적이거나 현세적인 은혜를 얻기 위해서도 바치는 것이다."(As sacrifice, the Eucharist is also offered in reparation for the sins of the living and the dead and to obtain spiritual or temporal benefits from God.)"

이스라엘 제사장이 드린 제사도 죄를 없이 하지 못했거든 가톨릭의 사제 (priest)가 드린 "빵과 포도주 가" 죄를 사한다는 것은 사기의 극치이다. "¹¹제사장마다 매일 서서 섬기며 자주 같은 제사를 드리되 이 제사는 언제든지 죄를 없게 하지 못하거니와"(히 10:11).

(5) 레위기 1장 5절: "피를 회막문 앞 단 사면에 뿌리라"

"피"는 바로 생명이다. "¹¹ 육체의 생명은 피에 있음이라 내가 이 피를 너희에게 주어 단에 뿌려 너희의 생명을 위하여 속하게 하였나니 생명이 피에 있으므로 피가 죄를 속하느니라"(레 17:11).

"피" 는 그리스도께서 지불하신 "댓가(代價)"이다. "속전(贖錢)"이다(벧전 1:18-19) 우리의 값없이 받은 구원의 "구속"이다. 대가가 지불되었다. "값없는" 구속(救贖)이란 자가당착(oxymoron)이다. 다만 그 값을 죄인이 지불한 것이 아니라 하나님 아버지 자신이 지불하신 것이다. 다윗은 그 성전 땅값을 지불하고 샀다. "내가 결단코 상당한 값으로 사리라"(삼하 24:18-25. 대상21:24).

(6) 레위기 1장 7-8 절: "벌려놓는다"는 말이 두 번 언급되고 있다:

7절에 "제사장이 나무를 벌려 놓고", 8절에 "제사장들은 벌려 놓고"라고 했는데 "벌려놓는다"는 말은 "질서 있게 배열한다"는 뜻이다. "벌려놓는다"[put in order(עָרַךְ)]는 말은 (이미 설명한 바와 같이)

   i) 질서 있게 배열한다.

   ii) "예비한다"(prepare) 라는 의미이다. 예배가 질서를 상실하면 흥행이다. 요란한 음악이나 세속적 농담들이나 간증이나 하는 것들은 다 하나님께 드리는 것이 아니다.

8 절에서는 "벌려 놓는다" "질서있게 정렬해 놓는다"는 말이 이 구절의 가장 앞에 기록되어 있다. 열납되는 예배는 반드시 "예비한" 예배이어야 한다. 예배의 질서는 첫째 그리스도의 말씀과 "성서적" 기도와 헌금과 찬양의 순서들이다. 모두 다 철저하게 "준비"해야 한다. "진리"로, "영"으로 드리지 아니한 예배는 헛되이 "성전의 땅만 밟는" 무익한 종교 형식이며, 사실은 가증한 종교 의식(儀式)적 행위이다.

(7) 레위기 1장 9절: "전부를 단 위에 불살라 번제를 삼으라".

"번제(燔祭)"의 특성은 **완전히 태운**다는 데 있다. 가죽을 제외한 번제물 전체를 번제단 위에서 다 태우는 것이다. 죄의 완전 소멸이다. 예수께서 번제물(유월절 어린양, 희생양)로 죽으신 것은 우리의 죄를 일부만 속죄하기 위한 것이 아니다. 조건부도 아니다.

"전부를 단 위에 불살라 번제를 삼은 것은"

　i) 그리스도께서 십자가에서 완전히 죽으심과

　ii) 성도가 "그리스도와 연합하여 옛사람이 완전히 죽었다"라는 예표 이다.

* 하나님께서 번제를 요구하시는 경우들을 보면:

　a) "해산 후" (레 12:6-8 "**부정하다**" 7 절: 속죄하라).

　b) "유출병" (레 15:1-15 "**부정하다**" 15절: "여호와 앞에 속죄하라").

c) "여인의 유출"도 **부정하다.**

레 15:19-30. 30 절: 여호와 앞에 속죄하라. 왜 이러한 것들이 "전부를 불살라" 속죄해야 할 죄목들인가? "거룩"은 "속된 것"의 반대이며 "깨끗한 것"은 "불결한 것"의 반대이다. "**부정**(不淨)(uncleanness)"은 "**거룩**(holiness)"과 절대 공존할 수 없다.

위에서 본 바와 같이 "부정한" 자들은 특별한 죄를 지은 것 같지는 않다. 그러나 "부정하다"라고 하나님께서 선포하신 것이다. 사람이 보기에 별 큰 문제로 보이지 않는 것도 하나님께서 부정하다고 보실 때, 번제로 속죄받아야 한다면, 하나님께서 요구하시는 "거룩"은 그 깊이가 심오한 것이다. 거룩함이 없이는 아무도 주의 얼굴을 뵙지 못할 것이다.

"너희는 이와 같이 이스라엘 자손으로 그 부정에서 떠나게 하여 그들로 그 가운데 있는 내 장막을 더럽히고 그 부정한 중에서 죽음을 면케 할지니라"(레 15:31). "누구든지 하나님의 성전을 더럽히면 하나님이 그 사람을 멸하시리니 이는 하나님의 성전은 거룩하고 너희는 그 성전임이라" (고전 3:17). "너희는 그 성전이라."

우리는 "천국"에 대한 개념이 죽은 후에 영혼이 들어가는 곳으로만 생각하는 제한에 묶여있다. "천국"은 지금 이 땅에 임해있다. 만약 천국이 이 땅에 임하지 아니하였다면 "천국 백성들"은 어디에서 살고 있는가? 이 땅에서의 천국은 알곡과 쭉정이가 함께 있는 곳이다. 천국이 다만 이 "세상"에 임했을 뿐이다. 그리고 세상의 임금은 마귀이다.

마 13장의 "원수가 와서 덧붙이고 간 땅"은 물론 원수의 땅이고 원수의 아들들이다. 가시적인 공간에서는 천국 백성과 세상 백성이 같이 있다. 그러나 "천국"의 불가시적 공간에서는 전혀 "다른 땅"이고 "천국 백성"은 전혀 다른 사람들이다. "세상 사람과 비슷하지도 않다."

⑧ 레위기 1장 9절: "이는 화제라. 여호와께 향기로운 냄새니라". 주 예수 그리스도의 제물의 예표이다."그리스도께서 너희를 사랑하신 것 같이 너희도 사랑 가운데서 행하라 그는 우리를 위하여 자신을 버리사 향기로운 제물과 생축으로 하나님께 드리셨느니라"(엡 5:2).

3. 예수님의 번제, 제물

구약의 번제 제물은 본질상 죄를 없이 하지는 못한다(히 10:11). 다만 예수님이 드릴 영원한 속죄 제물의 그림자요 표상이 될 뿐이다.

⑴ 요 2:21 "그러나 예수는 성전인 자기 몸을 가리켜 말씀하신 것이니"

⑵ 고전 5:7 "⁷너희는 누룩 없는 자인데 새 덩어리가 되기 위하여 묵은 누룩을 내어 버리라 우리의 유월절 양 곧 그리스도께서 희생이 되셨느니라 ⁸이러므로 우리가 명절을 지키되 묵은 누룩도 말고 괴악하고 악독한 누룩도 말고 오직 순전함과 진실함의 누룩 없는 떡으로 하자"

⑶ 엡 1:7 "우리가 그리스도 안에서 그의 은혜의 풍성함을 따라 그의 피로 말미암아 구속 곧 죄 사함을 받았으니"

⑷ 엡 5:2-3 "²그리스도께서 너희를 사랑하신 것 같이 너희도 사랑 가운

데서 행하라 그는 우리를 위하여 자신을 버리사 향기로운 제물과 생축으로 하나님께 드리셨느니라. [3]음행과 온갖 더러운 것과 탐욕은 너희 중에서 그 이름이라도 부르지 말라 이는 성도의 마땅한 바니라"

(5) 히 9:1-14

(6) 히 10:1-22

모든 제사 곧 예배는 회개, 속죄, 헌신, 감사, 회복, 구원을 뜻한다. 열납되지 못한 제사의 예들: 사 1:10-17, 미 6:4-6, 렘 7:1-26, 말 1:7-14.

C. 예외

번제는 다른 모든 제사와 다른 점이 있다. 그래서 그 순서를 바꾸지 않는다. 이스라엘이 드린 제사는 "번제와 다른 제사"의 순서가 바뀐 적이 단 한번도 없다. 오직 단 한번의 예외는 왕하 10:24 절에서 "바알의 제사장들이 드린 제사 때" 였다.(한글성경 번역 오류)

II.레위인들

레위인들에게 적용되는 하나님의 말씀을 보자. "레위인"에 대한 그들의 신분을 보면:

A. 하나님의 특별한 소유이다.

"[12]보라 내가 이스라엘 자손 중에서 레위인을 택하여 이스라엘 자손 중 모든 첫 태에 처음 난 자를 대신케 하였은즉 레위인은 내 것이라 [13] 처음 난 자는 다 내 것임은 내가 애굽 땅에서 그 처음 난 자를 다 죽이던 날에 이스라엘의 처음 난 자는 사람이나 짐승을 다 거룩히 구별하였음이니 그들은 내 것이 될 것임이니라 나는 여호와니라"(민 3:12-13).

B. 회막봉사 [짜바] 만을 위해서 선택받은 족속이다.

1. 하나님께서는 이 레위인을 어떻게 준비케 하셨는가?

민 8:6-7. [7절]: '속죄의 제물'로 정결케 해야 한다. [21 절: 정결케 한 후에…]

"정결함"을 받지 아니한 사람은 여호와 하나님을 섬길 수 없다. 그리스도의 구속함을 받지도 않은 채 소위 "주의 일"을 한다고 하는 것은 자기중심의 열정일 뿐이다. 예배나 헌신이나 열심이나 봉사도 다 마찬가지이다. 먼저 정결함을 받아야 한다. 이런 의미에서 번제단 다음에 "물두멍"이 있고, 지성소 [곧 회막(會幕)]에 들어가려면 먼저 "물두멍 에서 정결함과 씻음을 받아야 한다.

2. 특별한 사역을 위하여 선택하셨다.

"⁴⁷오직 레위인은 그 조상의 지파대로 그 계수에 들지 아니하였으니 ⁴⁸이는 여호와께서 모세에게 일러 가라사대 ⁴⁹레위 지파만은 너는 계수치 말며 그들을 이스라엘 자손 계수 중에 넣지 말고 ⁵⁰그들로 증거막과 그 모든 기구와 그 모든 부속품을 관리하게 하라 그들은 그 장막과 그 모든 기구를 운반하며 거기서 봉사하며 장막 사면에 진을 칠지며 ⁵¹장막을 운반할 때에는 레위인이 그것을 걷고 장막을 세울 때에는 레위인이 그것을 세울 것이요 외인이 가까이 오면 죽일지며 ⁵²이스라엘 자손은 막을 치되 그 군대대로 각각 그 진과 기 곁에 칠 것이나 ⁵³레위인은 증거막 사면에 진을 쳐서 이스라엘 자손의 회중에게 진노가 임하지 않게 할 것이라 레위인은 증거막에 대한 책임을 지킬지니라 하셨음이라"(민 1:47-53).

(1) 제사장을 도와 회막의 일을 봉사한다: "회막봉사"[짜바(צָבָא)]

(2) 백성이 아무 때나 성막에 들어와서 하나님의 진노가 그들에 미쳐 그들이 죽임을 당하는 일을 막는다. 백성의 생명을 보호한다.

(3) 성막을 보호한다. 백성의 접근을 막는다.

(4) 이스라엘 백성 전체를 대표하여 하나님께 요제로 드려진 자들이다(민 8:10-21).

3. 하나님께 드리는 "요제"이다. 민 8:11-21

두 종류의 요제: 레 23:11,15,레 23:20. 그리스도와 그의 몸된 교회에 대한 중요한 예표이다.

III. 물두멍

A. 교회에 적용되는 물두멍의 의미

반복(복습)의 필요: 성전은 예수님의 몸(요 2:21), 교회(고전 3:16-17), 그리스도인의 몸(고전 6:19), "주 하나님 곧 전능하신 이와 및 어린양이 그 성전이라"(계 21:22). 그러므로 "성전"은 다만 구조물이 아니라 "인격체"이다. 성전과 성전 안에 있는 모든 성물은 예수 그리스도의 인격과 그 분의 사역 예표들이다. 그리스도의 사역 중 핵심은 "새 생명"(중생)을 주시는 것과 그 "새 사람을 성결케"하는 일이다.

1. 절대 필요한 그리스도의 사역: 중생케 하시고 성결케 하시는 사역이다.

우리들의 소망은 모세 시대에 있는 것이 아니라 새 하늘과 새 땅에 있고 새 예루살렘에 있고 전능하신 하나님과 그의 어린양에게 있다. 왜냐하면 모세의 성막도 솔로몬의 성전도 다 사라졌고 동물 제사 제도도 다 폐지되었다. 오직 우리의 소망은 한 때 "성전"이 나타내었던 예수 그리스도께 있다. 이 소망을 가진 자들마다 그리스도가 깨끗하신 것 같이 자신을 깨끗하게 한다. (벧전 1:3-4, 18-21; 벧후 3:11-14; 요일 3:3)

그러므로 우리가 구약 시대의 이 정결케 하는 의식을 통해서 죄 용서를 받는 것도 아니고 정결함을 받는 것도 아니다. "의식" 행위는 예수님께서 가장 강하게 책망하셨던 대상이다. "종교의식"은 사람을 그리스도로부터 멀어지게 하는 재앙이다. 그러므로 중요한 것은 구약시대의 종교의식이 의미하는 정신을 바르게 배워야 한다. 신약성경에서 "의식"이라는 것은 오직 "침례"와 "주만찬" 밖에는 없다. 심지어는 이 의식도 침례와 주만찬이 전하는 의미가 이루어지지 않은 사람에게는 무의미할 뿐 아니라, 오히려 해로운 종교의식이다. 그러면 성막 안에 있었던 "물두멍"의 의미는 우리에게 무슨 의미를 주는가?

2. 구약에 기록된 "물두멍"의 뜻

(1) 물두멍이 처음 언급된 구절을 보면 출 30:18-21절이다.

제사장들에게 명하신 하나님의 말씀은 "[18]너는 물두멍을 놋으로 만들고 그 받침도 놋으로 만들어 씻게 하되 그것을 회막과 단 사이에 두고 그 속에 물을 담으라 [19]아론과 그 아들들이 그 두멍에서 수족을 씻되 [20]그들이 회막에 들어갈 때에 물로 씻어 죽기를 면할 것이요 단에 가까이 가서 그 직분을 행하여 화제를 여호와 앞에 사를 때에도 그리할지니라 [21]이와 같이 그들이 그 수족을 씻어 죽기를 면할지니 이는 그와 그 자손이 대대로 영원히 지킬 규례니라." "죽기를 면하라. 그 자손이 대대로 영원히 지킬 규례라"(출 30:18-21).

이 내용이 하나님의 말씀이기 때문에 "물두멍에서의 사역"이 당연히 우리에게 적용된다.

3. 신약 성도를 위한 "물두멍"의 역할

(1) 여호와 강림의 예비: "[10]여호와께서 모세에게 이르시되 너는 백성에게로 가서 오늘과 내일 그들을 성결케 하며 그들로 옷을 빨고 [11]예비하여 제

사흘을 기다리게 하라 이는 제 사흘에 나 여호와가 온 백성의 목전에 시내 산에 강림할 것임이니"(출 19:10-11).

(2) 성령강림의 예표: "38나를 믿는 자는 성경에 이름과 같이 그 배에서 생수의 강이 흘러나리라 하시니 39이는 그를 믿는 자의 받을 성령을 가리켜 말씀하신 것이라 예수께서 아직 영광을 받지 못하신 고로 성령이 아직 저희 에게 계시지 아니하시더라"(요 7:38,39, 요 3:5).

(3) 성령께서 우리를 깨끗게 하시기 때문이다. "우리를 구원하시되, 우리 가 행한바 의로운 행위에 의하지 않고, 오직 그의 자비를 따라 중생의 씻으 심과 성령의 새롭게 하심으로 하시고"(딛 3:5). "11너희 중에 이와 같은 자들이 있더니 주 예수 그리스도의 이름과 우리 하나님의 성령 안에서 씻음과 거룩 함과 의롭다 하심을 얻었느니라"(고전 6:11).

4. 이러한 하나님의 준비가 교회에 어떻게 적용되고 있는가?

(1) 예수님께서 하신 일들의 예표들이다.

i) 엡 5:25-27, 32.

"25남편들아 아내 사랑하기를 그리스도께서 교회를 사랑하시기 위하 여 자신을 주심 같이 하라 26이는 곧 물로 씻어 말씀으로 깨끗하게 하사 거룩하게 하시고 27 자기 앞에 영광스러운 교회로 세우사 티나 주름 잡 힌 것이나 이런 것들이 없이 거룩하고 흠이 없게 하려 하심이니라"

그러나 열쇠는 32 절에 있다. "31이러므로 사람이 부모를 떠나 그 아 내와 합하여 그 둘이 한 육체가 될지니 32이 비밀이 크도다 내가 그리스 도와 교회에 대하여 말하노라 33그러나 너희도 각각 자기의 아내 사랑하기를 자기 같이 하고 아내도 그 남편을 경외하라"(엡 5:31-33).

물두멍에서 제사장들이 번제물과 기타 많은 속죄제물을 깨끗이 씻는 일들은 훗날 그리스도께서 당신의 몸이 된 "교회"를 정결케 하는 사역의 예표이다. 우리가 지금 이 "예식"을 행함으로 깨끗하게 하는 것이 절대 아니다. 그러므로 하나님께서 의식에 속한 모든 것을 다 제거해 버리신 것이다. **종교적 의식**을 행함으로 구원을 받거나 정결케 되는 것이 아니다. 오히려 그런 의식은 하나님 앞에 가증한 것들이다.

ii) 중생의 씻음을 의미한다. (겔 36:24-27, 요 3:5, 딛 3:5, 요일 3:2-3)

겔 36:24-27 "²⁴내가 너희를 열국 중에서 취하여 내고 열국 중에서 모아 데리고 본토에 들어가서 ²⁵맑은 물로 너희에게 뿌려서 너희로 정결케 하되 곧 너희 모든 더러운 것에서와 모든 우상을 섬김에서 너희를 정결케 할 것이며 ²⁶또 새 영을 너희 속에 두고 새 마음을 너희에게 주되 너희 육신에서 굳은 마음을 제하고 부드러운 마음을 줄 것이며 ²⁷또 내 신을 너희 속에 두어 너희로 내 율례를 행하게 하리니 너희가 내 규례를 지켜 행할지라"

요 3:5 "⁵예수께서 대답하시되 진실로 진실로 네게 이르노니 사람이 물과 성령으로 나지 아니하면 하나님 나라에 들어갈 수 없느니라"

딛 3:4-7 "⁴우리 구주 하나님의 자비와 사람 사랑하심을 나타내실 때에 ⁵우리를 구원하시되 우리의 행한바 의로운 행위로 말미암지 아니하고 오직 그의 긍휼하심을 좇아 **중생의 씻음과 성령의 새롭게 하심으로** 하셨나니 ⁶**성령**을 우리 구주 예수 그리스도로 말미암아 우리에게 풍성히 부어주사 ⁷우리로 저의 은혜를 힘입어 의롭다 하심을 얻어 영생의 소망을 따라 후사가 되게 하려 하심이라"

요일 3:2-3 "²사랑하는 자들아 우리가 지금은 하나님의 자녀라 장래에 어떻게 될 것은 아직 나타나지 아니하였으나 그가 나타내심이 되면 우리가 그와 같을 줄을 아는 것은 그의 계신 그대로 볼 것을 인함이니 ³주를 향하여 이 <u>소망</u>을 가진 자마다 그의 깨끗하심과 같이 **자기를 깨끗하게** 하느니라 ⁴죄를 짓는 자마다 불법을 행하나니 죄는 불법이라."

5. 어떻게 적용할 것인가?

(1) 말씀으로

"¹내가 참 포도나무요 내 아버지는 그 농부라. ²무릇 내게 있어 과실을 맺지 아니하는 가지는 아버지께서 이를 제해 버리시고 무릇 과실을 맺는 가지는 더 과실을 맺게 하려 하여 이를 깨끗하게 하시느니라. ³너희는 내가 일러 준 말로 이미 깨끗하였으니 ⁴내 안에 거하라 나도 너희 안에 거하리라"(요 15:1-4).

(2) 매일 회개하는 삶과 매일 정결케 하는 신앙생활, 곧 성도의 성결을 뜻한다.

i) 회개하는 삶이 첫째 필요하다.

"⁵사무엘이 가로되 온 이스라엘은 미스바로 모이라 내가 너희를 위하여 여호와께 기도 하리라 하매 ⁶그들이 미스바에 모여 물을 길어 여호와 앞에 붓고 그날에 금식 하고 거기서 가로되 우리가 여호와께 범죄하였나이다 하니라. 사무엘이 미스바에서 이스라엘 자손을 다스리니라"(삼상 7:5-6).

ii) "⁵내가 세상에 있는 동안에는 세상의 빛이로라. ⁶이 말씀을 하시고 땅에 침을 뱉아 진흙을 이겨 그의 눈에 바르시고 ⁷ 이르시되 실로암 못에 가서 씻으라 하시니 (실로암은 번역하면 보냄을 받았다는 뜻이라) 이에 가서 씻고 밝은 눈으로 왔더라"(요 9: 5-7).

Ⅳ. 진설병 (떡상)

　"진설병", "임재의 떡"은 출 25:30절에 처음 언급되고 있다. 레위기 24:5-9 절에도 언급되고 있다.

　출 25:30 " [30]상 위에 진설병을 두어 항상 내 앞에 있게 할지니라"

　레 24:5-9 " [5]너는 고운 가루를 취하여 떡 열 둘을 굽되 매 덩이를 에바 십분 이로 하여 [6]여호와 앞 순결한 상 위에 두 줄로 한 줄에 여섯씩 진설하고 [7]너는 또 정결한 유향을 그 매 줄 위에 두어 기념물로 여호와께 화제를 삼을 것이며 [8]항상 **매 안식일**에 이 떡을 여호와 앞에 진설할지니 이는 이스라엘 자손을 위한 것이요 **영원한 언약**이니라 [9]**이 떡은 아론과 그 자손**에게 돌리고 그들은 그것을 거룩한 곳에서 먹을지니 이는 여호와의 화제 중 그에게 돌리는 것으로서 **지극히 거룩함**이니라 이는 **영원한 규례**니라"

　출 25:30. 상 위에 "**진설병을 두어 항상 내 앞에** 있게 할지니라"

　몇 가지의 번역본을 살펴보는 것이 이해에 도움이 될 것이다.

[NIV] Exodus 25:30 Put the bread of the <u>Presence</u> on this table to be before me at all times.("Presence" 대문자)

[NJB] Exodus 25:30 and on the table, in my presence, you will always put the loaves of <u>permanent offering</u>.("영원한" "제물")

[RSV] Exodus 25:30 And you shall set the bread of the <u>Presence</u> on the table before me always.

[WEB] Exodus 25:30 And thou shalt set upon the table show-bread before me always.

^{YLT} Exodus 25:30 and thou hast put on the table bread of the presence before Me continually.("Me" 대문자)

^{CJB} Exodus 25:30 On the table you are to place the bread of the presence in my presence always.("presence" 두번 반복)

성막 내의 "진설병"(임재[臨在]의 떡)은 당연히 예수 그리스도의 살과 피를 의미한다. 그러나 좀더 자세히 살펴볼 필요가 있다.

A. 진설병에 대한 개관

1. 진설병(陳設餠) 이라는 용어의 설명

(1) 히브리 성경에서는 "내 얼굴, 얼굴의 떡"이라고 표현하고 있다. 혹은 "얼굴과 얼굴을 맞대어 있는 떡"이라고 표현할 수도 있을 것 같다.

(2) 헬라어 성경 (LXX)에서는 "얼굴을 맞대고" 혹은 "…목전(目前)에" "…앞 에"라는 의미를 갖는[enopious(face to face)] 말로 표현되고 있다. 헬 라어의 "에노피우스"는 신약성경에 많이 언급되고 있다. 한 예를 보 면 행 2:25 절. "²⁵다윗이 저를 가리켜 가로되 내가 항상 내 앞에 계 신 주를 뵈었음이여 나로 요동치 않게 하기 위하여 그가 내 우편에 계시도다." "진설병"은 바로 이러한 뜻을 의미한다. "여호와 앞 순결

한 상 위에 두 줄로 한 줄에 여섯씩 진설하고"(레 24:6)라는 구절에서 "여호와 앞"(liphanee YHWH)이라는 말씀이 중요하다.

(3) 한글 번역은 최의원 "새즈믄 구약 성경"에서 "성전 떡"으로, 이태영 "전수성경"에 서는 "차림떡"으로 번역하고 있다.

(4) 하나님의 "얼굴 앞에" 항상 있다는 뜻이다. 하나님 앞에서 절대 (a) 쫓겨나지 않는다. (b) 이탈하지 않는다는 뜻이다.

하나님 앞에서 절대 탈취해 갈 자가 없다. 영원히 신분이 보장된다. 구원이 완전히, 철저하게 보장된 사람이다.

"²⁷내 양은 내 음성을 들으며 나는 저희를 알며 저희는 나를 따르느니라 ²⁸내가 저희에게 영생을 주노니 영원히 멸망치 아니할 터이요 또 저희를 내 손에서 빼앗을 자가 없느니라 ²⁹저희를 주신 내 아버지는 만유보다 크시매 아무도 아버지 손에서 빼앗을 수 없느니라"(요 10:27-29).

"내 손에서 빼앗을 자가 없느니라." 또한 "악에서 떠난 사람"이다. 하나님의 면전에서 악을 행할 사람은 절대 없다. 다윗은 여호와의 면전을 벗어났을 때 범죄하였다. "다윗의 소위가 여호와 보시기에 악하였더라"(삼하 11:27). 이 구절은 그리스도인들의 실수나 범죄를 정당화하도록 기록에 남긴 것은 절대 아니다. 범죄하지 않게 하려고 남긴 것이다. 따라서 요한일서 1 장 8 절 말씀과 2 장 1 절 말씀을 바르게 깨달아야할 것이다.

2. 성막의 구조에서 곧 "진설병의 위치"에서 그 의미를 살펴보자.

성막 안에서 "진설병" 곧 떡상의 위치가 중요한 의미를 갖는다. "떡상"은 "번제단"을 지나서 "물두멍"을 지나고 첫 번째의 휘장을 지나서 "성소" 안에 위치하고 있다. 무엇을 의미하는가?

(1) 번제단에서의 일과 물두멍에서의 일이 다 끝났다는 뜻이다.

번제단의 일은 예수 그리스도의 십자가 대속의 일을 의미하고 이제 떡상 앞에 와 있는 자에게는 그 사역이 끝났다는 뜻이다. 그리스도께서 번제단이 상징하는 십자가에서 죽으신 것과 같이 제사드리는 자들이 번제단에서 죽었다.(롬 6:6; 골 3:3; 요 12:24) (요 12:24 절 말씀을 사람이 자기를 희생하여 봉사하면 많은 성공적 사역을 이룰 것이라는 해석은 본문 내용과 부합하지 않은 것 같다) 물두멍의 일은 "중생의 씻음"을 의미하는 것이다. 떡상 앞에 와 있다는 것은 중생의 씻음의 일이 끝났다는 뜻이다. 물론 성화 되어 가는 과정(過程)을 뜻한다. 성화가 완성되었다는 뜻은 아니다.

(2) 이들은 "죄 씻음"을 받았고 정결함을 받았고 성령님의 내주하심을 받았고 하나님의 보배로운 백성이 되었다는 뜻이다. "왕 같은 제사장들"이다. "하나님의 소유된 택함을 받은 백성들"이다. 벧전 2:9절 말씀의 사람들이다. "⁹오직 너희는 택하신 족속이요 왕같은 제사장들이요 거룩한 나라요 그의 소유된 백성이니 이는 너희를 어두운 데서 불러내어 그의 기이한 빛에 들어가게 하신 자의 아름다운 덕을 선전하게 하려 하심이라 ¹⁰너희가 전에는 백성이 아니더니 이제는 하나

님의 백성이요 전에는 긍휼을 얻지 못하였더니 이제는 긍휼을 얻은 자니라"

B. 진설병과 예수님과의 관계

1.복음서

마 12:1-6 "[1]그 때에 예수께서 안식일에 밀밭 사이로 가실 세 제자들이 시장하여 이 삭을 잘라 먹으니 [2]바리새인들이 보고 예수께 고하되 보시오 당신의 제자들이 안식일에 하지 못할 일을 하나이다 [3]예수께서 가라사대 다윗이 자기와 그 함께한 자들이 시장할 때에 한 일을 읽지 못하였느냐 [4]그가 하나님의 전에 들어가서 **제사장 外**에는 자기나 그 함께한 자들이 먹지 못하는 진설병을 먹지 아니하였느냐 [5]또 안식일에 제사장들이 성전 안에서 안식을 범하여도 죄가 없음을 너희가 율법에서 읽지 못하였 느냐 [6]내가 너희에게 이르노니 <u>성전보다 더 큰</u> 이가 여기 있느니라"

제사장들만 먹을 수있는 "진설병" "성소의 떡"을 감히 일반 백성들이 먹었다. 무엇을 의미하는가? 예수님께서 말씀하신 이 사건은 어느 때 발생했던 것인가?

삼상 21:1-5 "[1]다윗이 놉에 가서 제사장 아히멜렉에게 이르니 아히멜렉이 떨며 다윗을 영접하며 그에게 이르되 어찌하여 네가 홀로 있고 함께 하는 자가 아무도 없느냐 [2]다윗이 제사장 아히멜렉에게 이르되 왕이 내게 일을 명하고 이르시기를 내가 너를 보내는 바와 네게 명한 바 일의 아무것이라도 사람에게 알게 하지 말라 하시기로 내가 나의 소년들을 여차여차한 곳으로 약정하였나이다 ³이제 당신의 수중에 무엇이 있나이까? **떡 다섯 덩이나 무엇이든지 있는 대로 내 손에 주소서** ⁴제사장이 다윗에게 대답하여 가로되 항용 떡은 내 수중에 없으나 **거룩한 떡**은 있나니 그 소년들이 **부녀를 가까이만 아니하였으면** 주리라 ⁵다윗이 제 사장에게 대답하여 가로되 우리가 참으로 사흘 동안이나 부녀를 가까이하지 아니하였나이다 나의 떠난 길이 보통 여행이라도 소년들의 **그릇이 성결하겠거든** 하물며 오늘날 그들의 **그릇이 성결치 아니하겠나이까"**

"여호와 앞 순결한 상"에서 상징적으로 "하나님과 함께 떡을 먹는 장소"에서 "음행" 혹은 "우상숭배"는 절대 가능하지 않다. 진설병에 대하여 예수님께서 이 사건을 말씀하신 데는 중요한 의미가 있다.

⑴ 제사장들의 신분이 바뀌었다는 뜻이다.

유대인 중 아론의 자손들만이 제사장 일을 행할 수 있었던 것은 지나갔다. 이제는 구원받은 모든 사람이 다 "제사장들"이 되었다. 그것도 "왕 같은 제사장들"이 된 것이다. 번제단과 물두멍에서 구원받고 씻음받은 모든 사람이 제사장이 되었다는 뜻이다. 제사장의 '신분 변경'이 예견되었다. 제사장이 아닌 자들이 떡을 먹었다. 진설병은 커녕 "성전보다 크신 이"가 이제 세상에 오셨다는 선언이다. 이것이 바로 "새 술은 새 부대"에 넣어야 한다는 예수님의 말씀에 따라 구약의 예언들이 예수님에게 성취되는 때가 왔다는 것이다. "너희도 산 돌같이 신령한 집으로 세워지고 예수 그리스도로 말미암아 하나님이 기쁘게 받으실 신령한 제사를 드릴 거룩한 제사장이 될찌라"(벧전 2:5).

(2) "떡"을 먹을 수 있는 조건: "성결케 된 것" 곧 "씻음을 받은 것"이 진설 병 먹을 수 있는 조건이 됨을 강조한 것이다. 하나님의 "떡상"에 참 여하는 절대 조건은 "번제단"에서 "옛사람의 죽임을 당함"과 "물두 멍"에서 "중생의 씻음"이 전제(前提)가 된다.

(3) 아히멜렉의 요구조건은: "부녀에게 가까이 아니하였으면"이다. 무엇 을 의미하는가? 곧 "음행"과 "우상숭배"이다. "성별"이 필수 조건이 다(계 21:8; 22:15).

(4) 그러므로 "하나님의 떡"을 먹는 사람은 왕 같은 제사장들이다. 하나 님의 택한 백성이다. 모든 죄에서 씻음을 받은 사람이다. 성령께서 내주하신 사람이다. 하나님의 보배로운 백성이다. 악에서 떠난 사람 이다. "어린양의 혼인 잔칫상"에 참예받은 사람들이다. 다시는 정죄 함이 없는 사람들이다.

2. "진설병 (차림떡)"의 분량은 광야에서 이스라엘 백성이 받은 분량의 2배 라고 한다.

"장자권의 분량"이다. 곧 "첫 열매"를 의미한다. 이 용어는 대단히 중요 한 단어이다. "장자"[bekor] 곧 "초태생들"이다. "초태생"은 상징적으로 하 나님의 소유이다(출 13:2).

"이스라엘 자손 중에 사람이나 짐승이나 무론하고 초태생은 다 거룩히 구별하여 내게 돌리라 이는 내 것이니라 하시니라"(출 13:2).

"초태생"은 신약에서 첫째, 부활하신 예수 그리스도의 예표였다(고전

15:20, 23). "**성령의 첫 열매**"의 예표이다. "성령의 처음 익은 열매를 받은 우리"(롬 8:23), 곧 성령으로 중생한 사람들, 교회를 뜻한다(레 23:15-17). 장자 곧 초태생은 다른 형제의 "두 몫"을 유산으로 받는다(창 25:31, 신 21:17). 만약 "진설병"의 분량이 광야에서 이스라엘 백성이 매일 받아먹은 만나의 2배 분량이라면 아마 이는 "장자권"을 뜻한다고 볼 수 있을 것이며 이스라엘 백성의 "장자권"이 "그리스도 안에 있는 하나님의 백성"에게로 옮겨진 것의 예표라고 볼 수 있을 것 같다. 또한 "성령의 첫 열매", "하나님 나라의 상속자"를 상징한다. 출 13:2; 창 25:31; 신 21:17. "[16]음행하는 자와 혹 한 그릇 식물을 위하여 장자의 명분을 판 에서와 같이 **망령된** 자가(profane) 있을까 두려워하라"(히 12:16). 그러므로 "진설병" 곧 "하나님의 떡"은 "하나님의 나라" "하나님의 잔칫상" 이 땅에 임한 천국과 영원한 하나님의 나라 등을 상징하는 것이다. "새로운 세상" "새로운 가치관의 사람들" "새로운 백성" "이 땅에서의 교회" 등을 상징한다. ("Profane" 이라는 단어 연구는 눈을 열개하는 도움이 될 것이다.)

다시는 먹는 것과 마시는 것이 사람이 추구하는 최고 대상이 되거나 염려 혹은 문제가 되지 아니한 때와 그 백성의 상징이다. "[17]하나님의 나라는 먹는 것과 마시는 것이 아니요 오직 성령 안에서 의와 평강과 희락이라"(롬 14:17). "하나님 나라"와 "세상 나라 (profane)"의 비교를 보게 하는 장면이다.

3. "진설병" 곧 "떡"의 의미는? (요 6:1-71)

(1) **요한복음 6장은** 예수님께서 "내가 하나님의 떡이다" 라고 말씀하시는 내용이다. (33, 35, 48, 50, 51, 55, 56, 58절) 예수님의 이 말씀에 대한 반응은 "다투다" (52절) "어렵다" (60절) "많이 물러갔다" (66절) 로 나타나

고 있다.

⑵ **예수님께서는 이 내용을 "유월절"때에 말씀하시고 있다**(4절).

　　두 번째의 유월절이다. 첫 번째 유월절 때에는 "예수님의 몸이 성전"임을 말씀하셨다(요 2:13, 21). 두 번째 유월절 때는 "내 몸이 하나님의 떡"이라는 내용을 밝히셨다. 세 번째 "유월절" 때에는 "십자가"에 못 박히시고 "사역을 완성" 하신 때였다(요 13장). 또한 "여호와의 유월절 어린양"으로 세상에 오셔서 전 인류를 위한 전 선지자들의 모든 예언을 성취하셨다. 엡 1:10절과 2-23절에 기록된 바와 같이 인류의 구속뿐 아니라 전 우주의 "새 하늘과 새 땅"과 "새 질서" 곧 "하나님의 나라"를 이루시고 이 새 땅에서 영원히 살게 될 "새 백성"을 창조하셨다. "그런즉 누구든지 그리스도 안에 있으면 새로운 피조물이라 이전 것은 지나갔으니 보라 새것이 되었도다"(고전 5:17). 그러므로 예수님께서는 "내가 고난을 받기 전에 너희와 함께 이 유월절 먹기를 원하고 원하였노라"(눅 22:15)라고 말씀하신 이유가 여기 있다. 곧 예수님께서 "유월절 양"으로 오셨기 때문이다. 처음부터 "유월절"은 "여호와의 유월절"이라고 칭하였다(출 12:11; 27). 그리고 이 유월절은 "영원한 규례"이다(출 12:14, 17, 24). 신구약 성경 전체의 주제는 언제나 "주 예수 그리스도와 그의 십자가"가 중심이며 온 우주는 그분에 의해 창조되었고 그를 위하여 창조되었다(골 1:16). 그러므로 바울의 고백은 "²내가 너희 중에서 예수 그리스도와 그의 십자가에 못 박히신 것 외에는 아무것도 알지 아니하기로 작정하였음이라"(고전 2:2)였다.

이 성막과 성막 내부의 모든 내용은 친히 하나님께서 예비하신 것이다. 성전이 예수님 몸이기 때문에 성전 내부의 모든 것은 예수님 몸의 지체들이며 예수님 사역의 모형들이며 예수님의 "Person" 곧 인격체이다. "내가 하늘에서 내려온 떡이다."(41절)

(3) **이 사실을 밝히신 경우는 예수님께서 떡 다섯 덩어리와 물고기 두 마리로 5,000명을 먹이신 때였다**(5-15절). **이 놀라운 사건을 경험한 이스라엘 백성은 예수님을 그들의 "왕"으로 추대하려고 했다** (15절).

이제 이들의 생각과 하는 일이 얼마나 하나님의 계획에 대해서 무지한 것이며 소경이며 어리석은 일들인 것을 곧 알 수 있다. 그들이 "표적"을 보았기 때문이다(14절). 그러나 그들이 "표적"을 잘못 보았다. 왜냐하면 그들은 "**떡을 먹고 배부른 까닭에**" 예수님을 임금으로 세우려고 했지 바르게 **표적을 본 것은 아니다**(26절).

백성이 예수님을 "오실 그 선지자"로는 보았지만(14절) 그 분이 어떠한 "신분의 선지자" 인가는 전혀 알지 못했다(신 18:18). 이러한 것이 바로 오늘날 교인들의 문제이다. 예수님에 대한 바른 신분과 예수님에 대한 바른 깨달음이 없다. 예수님께서는 "혼자" 산으로 떠나셨다. 예수님은 이스라엘의 왕으로만 오신 것이 아님을 확실하게 보이시는 장면이다. 이스라엘 백성은 그분이 "온 땅"의 왕이시며 "왕 중의 왕"되심을 조금씩 배워가고 있다.

(4) **예수님의 메시지는 무엇인가?** (27절)

"²⁷썩는 양식을 위하여 일하지 말고 영생 하도록 있는 양식을 위하여 하라 이 양식은 인자가 너희에게 주리니 인자는 아버지 하나님의 인 치신 자니라"(요 6:27).

예수님의 말씀이 "떡에 관한 것이 아닌 것"을 그들이 깨닫지 못했다(마 16:11).

(5) "내가 곧 생명의 떡이다"(27~35절).

"생명의 떡이다." "육신의 떡이 아니다." 따라서 구약에 기록된 "성막 안의 진설병" 은 "생명의 떡"을 의미하는 것이며 곧 예수 그리스도를 의미하는 것이다. "내가 곧 생명의 떡이로라"(48절).

(6). 요 6:51-71절

"⁵¹나는 하늘로서 내려온 산 떡이니 사람이 이 떡을 먹으면 영생하리라 나의 줄 떡은 곧 세상의 생명을 위한 내 살이로라 하시니라"(요 6:51). 그들의 반응은? 질문이다. 믿음보다는 "의혹"이다.

a. 첫 번째 질문: "⁵²이러므로 유대인들이 서로 다투어 가로되 이 사람이 어찌 능히 제 살을 우리에게 주어 먹게 하겠느냐?"(52절).

예수님의 답변: "⁵³예수께서 이르시되 내가 진실로 진실로 너희에게 이르노니 인자의 살을 먹지 아니하고 인자의 피를 마시지 아니하면 너희 속에 생명이 없느니라 ⁵⁴내 살을 먹고 내 피를 마시는 자는 영생을 가졌고 마지막 날에 내가 그를 다시 살리리니 ⁵⁵내 살은 참된 양식이요 내

피는 참된 음료로다 ⁵⁶내 살을 먹고 내 피를 마시는 자는 내 안에 거하고 나도 그 안에 거하나니 ⁵⁷살아계신 아버지께서 나를 보내시매 내가 아버지로 인하여 사는 것 같이 나를 먹는 그 사람도 나로 인하여 살리라. ⁵⁸ 이것은 하늘에서 내려온 떡이니 조상들이 먹고도 죽은 그것과 같지 아니하여 이 떡을 먹는 자는 영원히 살리라"(53-58절).

"내 살을 먹고, 내 피를 마시는 자는"(53-58절) 무엇을 뜻하는가? 예수님의 모든 말씀을 먹는다는 뜻 외에는 없다. 예수님의 말씀으로만 산다는 뜻이다. 그분의 뜻을, 그분의 의지(意志)를, 그 사상(思想)을, 그분의 세계관(世界觀)을 먹고 마시는 것이다. 그분의 아버지께로부터 보내심을 받은 사역 전부(全部)를 먹고 마시는 것이다. 오직 하나님께서 바울에게 주신 고백뿐이다 (롬 14:7-9. 고전 2:2. 갈 2:20).

이 결론에 대하여 "다툼"이 있을 수 없다. "어려움"도 없다. 더구나 "떠나서는" 안된다.

요 6:47-58 예수 그리스도를 믿는 믿음에 대하여 "⁵³예수께서 이르시되 내가 진실로 진실로 너희에게 이르노니 인자의 살을 먹지 아니하고 인자의 피를 마시지 아니하면 너희 속에 생명이 없느니라. ⁵⁴내 살을 먹고 내 피를 마시는 자는 영생을 가졌고 마지막 날에 내가 그를 다시 살리리니 ⁵⁵내 살은 참된 양식이요 내 피는 참된 음료로다 ⁵⁶내 살을 먹고 내 피를 마시는 자는 내 안에 거하고 나도 그 안에 거하나니 ⁵⁷살아계신 아버지께서 나를 보내시매 내가 아버지로 인하여 사는 것 같이 나를 먹는 그 사람도 나로 인하여 살리라"(요 6:53-57). 살을 먹고 피를 마신다는 것은 대단히 극단적 표현이다. 예수님께서 하시는 말씀 중에 극단적인 표현들이 상당히 있다. "눈을 빼어내 버리라" "손을 찍어 내 버리라" "너희 원수가 집안 식구라" "³³누구든지 사람 앞에서 나를 부인하면 나도 하늘에 계신 내 아버지 앞에서 저를 부인하리라 ³⁴내가 세상에 화평을 주러 온 줄로 생각지 말라 화평이 아니요 검을 주러 왔노라 ³⁵ "내가 온 것은 사람이 그 아비와, 딸이 어미와, 며느리가 시어미와 불화하게 하려 함이니" ³⁶사람의 원수가 자기 집안 식구리라. ³⁷아비나 어미를 나보다 더 사랑 하는 자는 내게 합당치 아니하고 아들이나 딸을 나보다 더 사랑하는 자도 내게 합당치 아니하고 ³⁸또 자기 십자가를 지지 않고 나를 좇는 자도 내게 합당치 아니하니라"(마 10:33-38).

"진실로 진실로 너희에게 이르노니, 인자의 살을 먹지 아니하고, 인자의 피를 마시지 아니하면 너희 속에 생명이 없느니라"(요 6:53).

예수님께서 51절에 "⁵¹나는 하늘로서 내려온 산 떡이니 사람이 이 떡을 먹으면 영생하리라 나의 줄 떡은 곧 세상의 생명을 위한 내 살이로라 하시니라"라고 말씀하실 때 유대인들은 서로 다투었다. 예수님께서 54-55절에 "⁵⁴내 살을 먹고 내 피를 마시는 자는 영생을 가졌고 마지막 날에 내가 그를 다시 살리리니 ⁵⁵내 살은 참된 양식이요 내 피는 참된 음료로다"라고 말씀하실 때 제자들은 "어렵도다"라고 말했다. 유대인들에게는 지금도 여전히 다툼의 대상이 되고 "어렵다"라고 말할 내용이다. 그러나 그리스도인들에게는 "당연한" 내용이다. 조금도 어려울 내용이 아니다. 그 이유는 예수님께서:

i) 유월절 양이 되셨다. 속죄(贖罪)하는 제물이 되셨다.(요 1:29)

" ⁷너희는 누룩 없는 자인데 새 덩어리가 되기 위하여 묵은 누룩을 내어버리라 우리의 유월절 양 곧 그리스도께서 희생이 되셨느니라 ⁸이러므로 우리가 명절을 지키되 묵은 누룩도 말고 괴악하고 악독한 누룩도 말고 오직 순전함과 진실함의 누룩 없는 떡으로 하자"(고전 5:7-8). "희생" 곧 "제물"이 되셨기에 "제물을 먹는다"는 것은 어려운 것이 아니라 당연한 것이다.

ii) "유월절 양"은 누가 먹는가?

출 12:1-48. "이스라엘 백성"이 먹는다.

정확하게는 "이스라엘 백성만" 먹는다.[이 부분을 상세하게 연구할 필요가 있다. "해의 첫 달"이 되게 하신 것도 의미가 있다. "새로운 세대의 시작"을 의미하는 뜻이 있다. 새 술은 새 부대에]

민 18:9-15. "제사장들"이 먹는다. (불사르지 아니한 번제물, 모든 소제(素祭), 속죄제, 속건제의 제물, 첫 열매 중 제 일 좋은 것들을 제사장들이 먹는다. 구약의 제사장은 신약의 "왕 같은 제사장들", 곧 성도(聖徒)들을 의미한다).

iii) "피를 마시는 것"은 어떤 의미인가?

하나님께서는 제물의 피를 먹는 것을 특별히 금하셨는데 사람이 어찌 사람의 피를 먹을 수 있는가?

문제의 해결은 예수님께서 "내가 생명"이다는 데 있다. 왜냐하면 "생명"은 피에 있기 때문이다. "¹¹육체의 생명은 피에 있음이라 내가 이 피를 너희에게 주어 단에 뿌려 너희의 생명을 위하여 속하게 하였나니 생명이 피에 있으므로 피가 죄를 속하느니라 ¹²그러므로 내가 이스라엘 자손에게 말하기를 너희 중에 아무도 피를 먹지 말며 너희 중에 우거하는 타국인이라도 피를 먹지 말라 하였나니 ¹³무릇 이스라엘 자손이나 그들 중에 우거하는 타국인이 먹을 만한 짐승이나 새를 사냥하여 잡거든 그 피를 흘리고 흙으로 덮을지니라 ¹⁴모든 생물은 그 피가 생명과 일체라 그러므로 내가 이스라엘 자손에게 이르기를 너희는 어느 육체의 피든지 먹지 말라 하였나니 모든 육체의 생명은 그 피인즉 무릇 피를 먹는 자는 끊어지리라"(레 17:11). **예수님의 피는 "생명"이다.**

iv) "예수님의 살과 피"는 무엇을 의미하는가?

예수 그리스도의 **십자가 처형**을 의미한다. 거기서 그가 못 박혀 매달리고 창에 찔리고 피를 흘리고 죽은 "인자"를 의미하는 것이다. **대속의 제물**로 바쳐진 예수님의 몸을 의미한다. 유월절 어린양의 제물로 **번제단**에서 바쳐진 자신의 몸을 의미하는 것이다. 예수님의 하신 모든 말씀을 의미한다.

v) **먹는다**는 것은 무엇을 의미하는가? 요한복음 6장에서:

예수님의 살을 먹고 피를 마시면 어떠한 일들이 있을 것을 예수님은 약속하시고 있는가?

48 절: 생명

51 절: 영생, 생명

53 절: 생명

54 절: 영생, 부활

56 절: 너희가 내 안에 거하고, 내가 너희 안에 거한다

57 절: 나로 인하여 산다

58 절: 영원히 산다

어떠한 결론에 도달하는가? 모두 다 "구원"을 의미한다. 모두 다 "영생"에 관한 내용이다. 구원에 대하여 말씀하시고 있다.

vi) 구원은 오직 "믿음으로" 받는다 (엡 2:8).

따라서 예수님의 살을 **먹고** 피를 **마신다**는 것은 "**구원의 믿음**"을 의미한다. 예수님께서 47 절에서 그렇게 말씀하셨다. "**진실로 진실로 너희에게 이르노니 믿는 자는 영생을 가졌나니.**" "믿는다"(47절)는 말의 상징적 표현이다. "믿음의 실체(實體)"를 말씀하시는 것이다. "구원의 믿음"을 의미하는 것이다. 예수님을 향하여 "주여, 주여" 말한다고 다 구원받는 것이 아니다. 구원의 믿음이 있어야 한다.

vii) "살을 먹고 피를 마신다"는 것이 "말씀을 먹고" "믿는다"는 것이라면 왜 예수님께서 평이하게 "나를 믿으라"고 말씀하지 않고 이렇게 극단적인 표현을 쓰셨는가?

요 3:16절 말씀처럼 "믿는 자는 멸망치 않고 영생을 얻으리라" 행 16:30-31절에서 빌립보 간수가 "선생들아, 내가 어떻게 하여야 구원을 얻으리까?"라고 물었을 때 "주 예수를 믿으라." 심지어는 "누구든지 주의 이름을 부르는 자는 구원을 얻으리라"(롬 10:13)라고 하지 않았는가?

왜 예수님께서는 "인자의 살을 먹고 피를 마셔야 영생이 있고 생명을 얻고 부활을 얻는다"고 말씀하시는가? 예수님께서 말씀하시는 믿음은 요 3:16절 믿음과 행 16:31절 믿음과 다른 것인가? **절대 다른 믿음이 아니다.** 사도 바울은 일점일획도 예수님의 말씀과 다른 복음을 전한 사람이 아니다.

"예수께서 대답하여 가라사대 기록되었으되 사람이 떡으로만 살것이 아니요 하나님의 입으로 나오는 모든 말씀으로 살 것이라 하였느니라 하시니"(마 4:4). ²⁵그러므로 내가 너희에게 이르노니 목숨을 위하여 무엇을 먹을까 무엇을 마실까 몸을 위하여 무엇을 입을까 염려하지 말라 목숨이 음식보다 중하지 아니하며 몸이 의복보다 중하지 아니하냐 ²⁶공중의 새를 보라 심지도 않고 거두지도 않고 창고에 모아들이지도 아니하되 너희 천부께서 기르시나니 너희는 이것들보다 귀하지 아니하냐 ²⁷너희 중에 누가 염려함으로 그 키를 한 자나 더할 수 있느냐 ²⁸또 너희가 어찌 의복을 위하여 염려하느냐 들의 백합화가 어떻게 자라는가 생각하여 보라 수고도 아니하고 길쌈도 아니하느니라 ²⁹그러나 내가 너희에게 말하노니 솔로몬의 모든 영광으로도 입은 것이 이 꽃 하나만 같지 못하였느니라 ³⁰오늘 있다가 내일 아궁이에 던지우는 들풀도 하나님이 이렇게 입히시거든 하물며 너희일까보냐 믿음이 적은 자들아 ³¹그러므로 염려하여 이르기를 무엇을 먹을까 무엇을 마실까 무엇을 입을까 하지 말라 ³²이는 다 이방인들이 구하는 것이라. 너희 천부께서 이 모든 것이 너희에게 있어야 할 줄을 아시느니라 ³³너희는 먼저 그의 나라와 그의 의를 구하라 그리하면 이 모든 것을 너희에게 더하시리라"(마 6:25-33).

예수님의 말씀을 먹는 것이다. 마치 그의 살과 피를 먹고 마시는 것 같이. 그의 살을 먹고 피를 마신다는 것을 우리에게 적용할 때 다른 해석이나 적용이 없다. 예수님의 말씀을 먹고 예수님의 전 인격을 내 속에 부어넣는 것이다. 이것이 곧 "내가 너희 안에, 너희가 내 안에 거한다"는 뜻이다. 예수님의 말씀과 예수님의 사상과 예수님의 전 인격과 예수님의 전 생애를 내 안에 집어 넣는 것, "먹는 것"이다. 그 결과 내가 사는 것은 내가 아니라, 내 안에 그리스도라는 결과가 이루어질 때까지 계속 그의 살과 피를 먹는 것이다. 사람이 피를 먹는 것은 절대 금지된 사항이다. 사람의 살을 어떻게 먹는다는 말인가? 유대인들에게는 걸리는 것이고 헬라인들에게는 어리석은 말이다. 그러나 믿는 우리에게는 축복의 음악이다. 그의 말씀을 먹고 그의 생애를 우리 안에 담아 넣는 것이다. 그리스도로 채우고 배부르고 그 지체가 되는 것이다.

"너희가 거듭난 것이 썩어질 씨로 된 것이 아니요 썩지 아니할 씨로 된 것이니 하나님의 살아 있고 항상 있는 말씀으로 되었느니라(벧전 1:23).

이상의 말씀이 곧 "진설병"에 대한 설명이다. 하나님께서 모세에게 명하신 "진설병"에 대한 계시를 예수님께서 설명하신 내용이다.

요6:56절 말씀은 "번제단"과 "물두멍"이 상징했던 내용의 성취이다. 아무도 여기를 거치지 않고는 절대 "회막" 곧 "성소"에 들어갈 수 없다. "그리스도", "유월절 어린양의 대속"을 거치지 않고는 아무도 "회막"에 접근할 수 없다는 뜻이다. 그러나 일단 "들어온 사람"은 절대 그 신분이 안전하다. 절대 보장이다. "번제단"은 죽음을 상징하고 "물두멍"은 중생 곧 "생명"을 상징한다.

b. 두 번째 질문: "⁶⁰제자 중 여럿이 듣고 말하되 이 말씀은 어렵도다 누가 수있느냐 한 대" "누가 들을 수 있느냐?"

"육적"인 사람에게는 그가 비록 대학자라 할지라도 어렵다. 들을 수 없다. "영적"인 사람에게는 완전 무식한 사람이라 할지라도 어렵지 않다. 들을 수 있다.

예를 들면 "너희가 서로 영광을 취하고 유일하신 하나님께로부터 오는 영광은 구하지 아니하니 어찌 나를 믿을 수 있느냐?"라고 하는 요 5:44절 말씀과 같다.

<u>예수님의 답변</u>: "[61]예수께서 스스로 제자들이 이 말씀에 대하여 수군거리는 줄 아시고 가라사대 이 말이 너희에게 걸림이 되느냐? [62]그러면 너희가 인자의 이전 있던 곳으로 올라가는 것을 볼것 같으면 어찌하려느냐 [63]살리는 것은 영이니 육은 무익하니라 내가 너희에게 이른 말이 영이요 생명이라 [64]그러나 너희 중에 믿지 아니하는 자들이 있느니라 하시니 이는 예수께서 믿지 아니하는 자들이 누구며 자기를 팔 자가 누군지 처음부터 아심이러라 [65]또 가라사대 이러하므로 전에 너희에게 말하기를 내 아버지께서 오게 하여 주지 아니하시면 누구든지 내게 올 수 없다 하였노라 하시니라"(61-65절).

c. 제자들의 반응: 사실은 이 반응은 모든 인류가 반응하는 표본이라고 할 수 있다.

"[66]이러므로 제자 중에 <u>많이 물러가고</u> 다시 그와 함께 다니지 아니하더라"(66절).

⑺ **결과의 분석을 보자**:

a. 하나님께서 모세를 통해서 이스라엘 백성에게 주신 "표적"을, "진설병"의 의미를 깨닫지 못했다. 그러나, 문제는 전혀 무식한 것은 아니다. 14절: "오실 그 선지자라 하더라" 여기까지도 알고, 그들은 66절에서,"제자 중에 많이 물러가고 다시 그와 함께 다니니 아니하였다."

b. 그들이 예수님을 따랐던 것은 "이 진설병의 표적을 깨달았기 때문이 아니고 떡을 먹고 배불렀던 까닭"이었다. 이것이 오늘날 수많은 소위 그리스도인들이다. 몸은 주일마다 교회당에 출석하는데 영은 세상에 있다. 그래서 예수님은 "살리는 것은 영이니 육은 무익하다"고 말씀하신 것이다.

⑧ **예수님의 설명은**

　　a. 내가 하늘에서 온 "**하나님의 떡이다.**" 51 절 "[51]나는 **하늘로서 내려온 산 떡**이니 사람이 이 떡을 먹으면 **영생**하리라 나의 줄 떡은 곧 **세상의 생명**을 위한 내 살이로라 하시니라"

　　b. 이 떡을 먹는 자는 영원히 죽지 않는다. 50 절. "이것은 하늘로서 내려오는 떡이니, 사람으로 하여금 그것을 먹고 죽지 않게 하는 것이니라"

　　c. 38-39절 "[38]내가 **하늘로서 내려온 것**은 내 뜻을 행하려 함이 아니요 [39]나를 보내신 이의 뜻을 행하려 함이니라. 나를 보내신 이의 뜻은 내게 주신 자 중에 내가 하나도 잃어버리지 아니하고 마지막 날에 다시 살리는 이것이니"

　　d. 37절 "[37]아버지께서 내게 주시는 자는 다 내게로 올 것이요 내게

오는 자는 내가 결코 내어 쫓지 아니하리라" 이 말씀을 잘 기억해 둘 필요가 있다. 왜냐하면 "성막의 진 편성"에서 하나님께서는 왜 "성막의 출입제한"과 강력하게 "진의 보호"를 명령하셨지를 이해하게 된다.

(9) 우리가 배워야할 교훈은 무엇인가? "하나님의 나라"에 대해서 우리가 반드시 배워야 할 교훈은?

a. 40 절 "[40] 내 아버지의 뜻은 <u>아들을 보고 믿는 자마다</u> 영생을 얻는 이것이니 마지막 날에 내가 이를 다시 살리리라 하시니라"

b. "예수를 믿는다"는 것은 무엇을 뜻하는가? 어떻게 믿는 것이 구원에 이르는 믿음이 되는가? 다시, 예수님의 살을 먹고, 피를 마신다는 것은 무슨 의미인가? 반드시 "번제단"과 "물두멍"을 통과해야 한다는 것이다. "그리스도의 십자가"와 "중생의 씻음"을 받아야 한다는 뜻이다.

c. 63 절 "[63]살리는 것은 영이니 육은 무익하니라 내가 너희에게 이른 말이 영이요 생명이라" "예수님의 말씀"이 곧 "영이요 생명"이다. 예수님 말씀 외에 다른 것이 "생명"이 되거나, "삶"이 되어 산다는 것은 육신으로는 살아있으나 영은 죽은 사람이다.

d. 마 4:4 "사람이 떡으로만 살 것이 아니요 하나님의 입으로 나오는 모든 말씀으로 살 것이라 하였느니라 하시니", 더 구체적으로, 어떻게 살 것인가?

　i) 마 4:10 " [10]이에 예수께서 말씀하시되 사단아 물러가라 기록되었

으되 주 너의 하나님께 경배하고 **다만 그를 섬기라** 하였느니라"

ii) 마 6:31 "³¹그러므로 염려하여 이르기를 무엇을 먹을까 무엇을 마실까 무엇을 입을까 하지 말라"

iii) 마 6:33 "³³너희는 **먼저 그의 나라와 그의 의를 구하라** 그리하면 이 모든 것을 너희에게 더하시리라"

iv) 롬 14:17 "¹⁷하나님의 나라는 **먹는 것과 마시는 것이 아니요** 오직 성령 안에서 **의와 평강과 희락이라**"

바르게 믿는다는 것은 쉬운 일은 아니다: 지식인들에게나 불순종의 영의 사람들에게나 다른 영의 사람들에게는. (요 1:12-13, 요 2:23-24, 요 5:44, 요 11:15, 요 20:21, 특히 고전 11:17-32)

"떡"이라는 말이 구약에서 239회, 신약에서 79회 언급되고 있다고 한다.

"떡"(빵)을 뜻하는 7개의 다른 히브리어로 384회 언급되고 있고 3개의 다른 헬라어 로 (빵이라는 의미로) 108회 언급되고 있다. "빵"의 중요성을 알 수 있다. "빵"은 구약에서 출 25:23-30; 레 24:5-9절에서 신약에서는 요한복음 6장에서 "그리스도 자신"으로 고전 11:23-24절에서 "그리스도의 몸"으로 눅 14:15절에서는 "하나님의 나라"로 고전 10:17절에서는 "교회의 하나 됨"과 "주 예수 그리스도의 재림에 대한 소망"의 영적 의미로 나타내고 있다. 모든 사람에게는 두 개의 떡 중 하나를 선택해야 할 운명적 선택이 있다.

4. 유대인의 출애굽기 주석서 "JPS Torah Commentary: Exodus" 163 쪽에 대단히 흥미로운 내용이 있다.

(1) 물론 진설병 빵은 "누룩 없는" "무교병"이었다.

(2) 진설병의 분량은 광야에서 이스라엘 백성 한 사람이 매일 하늘로부터 받은 급식 분량의 2배였다.

(3) 진설병의 빵은 매 일주일 마다 교체하였다. (비교: 마 11:6).

(4) 가장 관심되는 것은 삼상 21:2-7절 내용에 대해서이다.

"이 구절은 이 떡의 실용성 (actual use of the bread)에 대한 통찰력은 제공하고 있으나 토라의 법 정신에는 조화(調和)되지는 않다." (The story of David and the priest Ahimelech of the sanctuary at Nob, as told in 1 Samuel 21:2-7, gives an insight into the actual use of the bread, although the story contains features that do not conform to the Torah's legislation.)

저자의 "실용성"이란 물론 떡은 배고픈 사람에게 필요하다는 의미일 것이다. 유대인들에게는 "조화되지 않는" 난해한 구절이기 때문에 예수님께서 특별히 이 구절을 언급하신 것 같다. 제사장이 아닌 일반 백성이 제사장들만 먹을 수 있는 진설병을 먹었기 때문이다(마 12:1-6). 그러나 성경은 분명하게 "이방인들이 제사장과 레위인들"이 될 것을 명시하고 있다(사 61:6, 사 61-62장, 사 66:21).

이방인들인 우리가 그리스도 안에서 "제사장들"이 될 줄이야 유대인들이나, 우리인들 알았으랴! "너희는 왕 같은 제사장들이라." 칠칠절 절기에(레 23:15-17) "누룩을 넣은 떡 둘을 흔들어 (요제로)" 하나님께 절기를 지키라는 명령이 문자적으로 신약교회에서 성취된 것은 참으로 놀라운 일이다(행 11:18; 엡 2:14-22).

* 구원의 믿음에 대하여

(1) **오직 예수 그리스도의 대속의 죽음만을 믿는 것이다**

행 4:12, 엡 1:7. 왜 "**대속(代贖)**"만이 사람을 구원하는가? 인간의 절대 타락 때문이다.

절대 타락한 인간은 아무도 스스로 자신을 구원할 수 없다. 모든 인류가 다 죄인이고 따라서 하나님의 정죄 아래 있고 하나님의 진노를 받는 대상이다. 이 진노와 정죄에서 누구도 자신이나 다른 사람을 구원할 수가 없다. 인간에게는 구원자도 없고 구원의 방법도 없다. "대신" 누군가가 구출해 주어야 살아날 수 있는 존재이다. 그리고 "죄의 삯"은 사망뿐이다. 그러므로 누군가가 그 "죄의 삯"을 대신 치르고 사망에서 건져냄을 받아야 할 존재가 모든 인간이다. 그 "대신 값을 치를 수 있는" 대속자는 하나님 밖에는 없고, "대속자"를 주시는 자도 오직 하나님 밖에는 없다.

(2) **예수를 믿는다는 것은 "예수 그리스도와 함께 나의 옛사람이 죽었다"** 는 뜻이다.

이것이 번제단과 물두멍에서 상징하는 뜻이다.

"³우리는 그의 죽으심과 합하여 침례받은 줄을 알지 못하느뇨 ⁴그러므로 우리가 그의 죽으심과 합하여 침례를 받음으로 그와 함께 장사되었나니 이는 아버지의 영광으로 말미암아 그리스도를 죽은 자 가운데서 살리심과 같이 우리로 또한 새 생명 가운데서 행하게 하려 함이니라 ⁵만일 우리가 그의 죽으심을 본받아 연합한 자가 되었으면 또한 그의 부활을 본받아 연합한 자가 되리라 ⁶우리가 알거니와 우리 옛사람이 예수와 함께 십자가에 못 박힌 것은 죄의 몸이 멸하여 다시는 우리가 죄에 종노릇하지 아니하려 함이니 ⁷이는 죽은 자가 죄에서 벗어나 의롭다 하심을 얻었음이니라 ⁸만일 우리가 그리스도와 함께 죽었으면 또한 그와 함께 살 줄을 믿노니"(롬 6:3-8).

"²위엣 것을 생각하고 땅엣 것을 생각지 말라. ³이는 너희가 죽었고 너희 생명이 그리스도와 함께 하나님 안에 감취었음이니라"(골 3:2-3).

"²⁴내가 진실로 진실로 너희에게 이르노니 한 알의 밀이 땅에 떨어져 죽지 아니하면 한 알 그대로 있고 죽으면 많은 열매를 맺느니라 ²⁵자기 생명을 사랑하는 자는 잃어버릴 것이요 이 세상에서 자기 생명을 미워하는 자는 영생하도록 보존하리라"(요 12:24).

(3) **예수 그리스도의 살을 먹고 피를 마시는 것이 믿음이라면 예수님의 생명(life)을, 목숨 (life)을, 먹는다는 뜻이다. 그의 삶(life)을 먹는다는 것이다. "삶(life) 전체"를, 곧 예수님의 살과 피가 "번제단"에서 어떻게 되었는가를 살펴보아야 한다. 바로 이러한 예수님을 먹는다, 곧 믿는다는 것이다.**

죽임을 당하고 각을 뜨고 해체되고 피를 모두 쏟고 마지막 단 위에서 불태워 재로 되어 버리는 그 "제물"을 믿는 것이다. 그분과 함께 죽임을 당하여 내가 죽었고 나의 몸이 산 제물로 바쳐졌다는 것을 믿는 것이다.

⑷ 그의 살과 피는 곧 예수님 말씀의 전부이다.

예수님의 모든 말씀을 먹는다는 뜻 외에는 없다. 예수님의 말씀으로만 산다는 뜻이다. 선택(選擇)적으로 예수님 말씀을 따르는 것이 아니라 "그의 삶 전체"를 내 안에 집어넣은 것처럼 예수님 말씀 전체를 받아들이는 것이다. 선택적으로 예수님 말씀을 받아들이는 것이 아니다.

⑸ 예수를 믿는 믿음은 "흠 없는" 믿음이다.

V. 등대

"⁸내가 그들 중에 거할 성소를 그들을 시켜 나를 위하여 짓되 ⁹무릇 내가 네게 보이는 대로 장막의 식양과 그 기구의 식양을 따라 지을지니라"(출 25:8-9).

출 25:31-40 절 내용은 위에 언급된 말씀의 일부이다. 37절. "**등잔 일곱**을 만들어 그 위에 두어 앞을 비추게 하며, "등잔 일곱"이란 촛대의 가지 일곱을 의미한다. 계1-3장, 일곱교회.

A. 성막 안에 두게 하신 "등불"은 무엇을 의미하는가? "신분 확인"이다.

1. 생명을 의미한다: 곧 성막 안의 등불은 "영원한 생명"이다.

태양 빛이 아니라 "참 빛"을 의미한다. "⁹참빛 곧 세상에 와서 각 사람에게 비취는 빛이 있었나니"(요 1:9). 이 빛은 사람의 생명이다. "⁴그 안에 생명이 있었으니 이 생명은 사람들의 빛이라"(요 1:4). "그 안에" 누구를 말하는가? "말씀" 곧 하나님, 천지를 창조하신 창조주이시며 예수 그리스도이다.

"¹태초에 말씀이 계시니라 이 말씀이 하나님과 함께 계셨으니 이 말씀은 곧 하나님 이시니라. ²그가 태초에 하나님과 함께 계셨고 ³만물이 그로 말미암아 지은 바 되었으니 지은 것이 하나도 그가 없이는 된 것이 없느니라. ⁴그 안에 생명이 있었으니 이 생명은 사람들의 빛이라. ⁵빛이 어두움에 비취되 어두움이 깨닫지 못하더라"(요 1:1-5).

2. "빛"은 예수 그리스도 자신이다.

요 8:12. "¹²예수께서 또 일러 가라사대 나는 세상의 빛이니 나를 따르는 자는 어두움에 다니지 아니하고 생명의 빛을 얻으리라"(요 9:5). "내가 세상에 있는 동안에는 세상의 빛이로라" 예수님께서 "세상에 있는 동안만" 빛이라는 것이 아니라 "세상에서 유일한 빛"이라는 뜻이다. "나는 세상의 빛이다." 물체로서의 태양 빛은 사실상 훗날 사라진다. 참 빛이 아니다. 요한에게 보이신 "빛"은 "하나님의 어린 양" 예수 그리스도이다. "²³그 성은 해나 달의 비췸이 쓸데없으니 이는 하나님의 영광이 비취고 어린 양이 그 등이 되심이라"(계 21:23). 만약 교회가 이 "참빛"외에 다른 빛을 받아들인다면, "광명"의 천사로 가장한 사단의 빛일 수도 있다. 그러나 "세상"의 빛들이 들어왔고, 앞으로 더욱 강하게 들어올 것이다. 교육기관을 통한 "철학"이나, 인본주의 사상, 혹은 세상의 가치관 등 세속주의가 마치 진리 혹은 빛인양 교회에 들어왔으며, 참교회는 이를 분별하여 차단해야 할 것이다.

3. 빛 곧 등대(촛대)는 성도이다.

"¹⁴너희는 세상의 빛이라 산 위에 있는 동네가 숨기우지 못할 것이요 ¹⁵사람이 등불을 켜서 말 아래 두지 아니하고 등경 위에 두나니 이러므로 집안 모든 사람에게 비취느니라 ¹⁶이같이 너희 빛을 사람 앞에 비취게 하여 저희로 너희 착한 행실을 보고 하늘에 계신 너희 아버지께 영광을 돌리게 하라"(마 5:14-16).

4. 빛은 등잔, 곧 촛대이며 "교회"이다. 참 교회를 의미한다.

"[19]그러므로 네 본 것과 이제 있는 일과 장차 될 일을 기록하라. [20]네 본 것은 내 오른손에 일곱 별의 비밀과 일곱 금 촛대라 일곱별은 일곱 교회의 사자요 일곱 촛대는 일곱 교회니라"(계 1:19-20). 교회가 세상을 비추는 "빛"이다. 세상에서 빛을 받는 것이 아니다.

5. 빛은 진리의 말씀이다.

"주의 말씀은 내 발에 등이요 내 길에 빛이니이다"(시 119:105).

이상의 성경 말씀에서 무엇을 배우는가? 빛은 하나님이시고, 예수님이시고, 말씀이고, 또한 "성도"이고, "교회"이다. "교회"가 "그리스도의 몸"이라는 엡 1:23절 말씀을 입증하는 내용이다. 성도와 그리스도 예수님과 한 몸이다. 그래서 거룩한 사람들이다. 하나님 나라의 거룩한 백성이다. 왕 같은 제사장들이다. 타락한 세상 사람이나, 타락할 세상 사람들이 아니다. "너희가 세상의 빛이라"(마 5:14; 엡 5:8). "빛의 자녀, 곧 그리스도인들이다. 세상에서 "그리스도의 사람"으로 행할 때 세상 사람에게 "빛"이 된다.

B. 빛의 기능은 무엇인가?

1. 빛은 모든 어둠을 밝힌다. 모든 흑암을 밝게 한다.

"흑암"은 무엇을 상징하는가? "죽음"이고, "부패"이고, "공포"이다.

⑴ **하나님께서 우주를 창조하실 때 첫 번째 하신 일이 곧 "빛"의 창조이다.** "¹태초에 하나님이 천지를 창조하시니라. ²땅이 혼돈하고 공허하며 흑암이 깊음 위에 있고 하나님의 신은 수면에 운행하시니라. ³하나님이 가라사대 빛이 있으라 하시매 빛이 있었고 ⁴그 빛이 하나님의 보시기에 좋았더라 <u>하나님이 빛과 어두움을 나누사</u>"(창 1:1-4). 하나님께서는 가장 먼저 "나누"는 일 (聖別)을 단행하셨다.

⑵ **예수님께서 세상에 오신 것은 하나님의 백성이 "빛"이 되게 하시고 "빛 가운데 행하여 어둠에 거하지 않게" 하려는 데 있다.** "나는 빛으로 세상에 왔나니 무릇 나를 믿는 자로 어두움에 거하지 않게 하려 함이로라"(요 12:46). 성도들, 곧 교회는 어둠에서 다니고 있는 자들이 아니다. 어둠은 무엇인가? 비성서적인 교리들과 비성서적인 활동들이다. 창1:3절의 "빛"은 네째날 지으신 "빛"과 다르다. 아마 빛 되신 예수님을 뜻한 것 같다.

⑶ **진리를 행하게 한다.**

"⁵우리가 저에게서 듣고 너희에게 전하는 소식이 이것이니 곧 하나님은 빛이시라 그에게는 어두움이 조금도 없으시니라 ⁶만일 우리가 하나님과 사귐이 있다하고 <u>어두운 가운데 행하면 거짓말을 하고 진리를 행치 아니함이거니와</u> ⁷저가 빛 가운데 계신 것 같이 <u>우리도 빛 가운데 행하면 우리가 서로 사귐이 있고</u> 그 아들 예수의 피가 우리를 모든 죄에서 깨끗하게 하실 것이요"(요일 1:5-7). "빛"은 "하나님 자신"이고 따라서 "진리"이고 "빛"은 하나님의 백성으로 하여금 "빛 가운데 살게"한다. 하나님의 백성은 결코 어둠 가운데 살 수 없다. 이것이 바울의 기도이다. 내가 기도할 때에 너희를 말하노라. "¹⁷우리 주 예수 그리스도의 하나님, 영광의 아버지께서 지혜와 계시의 정신을 너희에게 주사 하나님을 알게 하시고 ¹⁸너희 마음눈을 밝히사 그의 부르심의 소망이 무엇이며 성도 안에서 그 기업의 영광의 풍성이 무엇이며 ¹⁹그의 힘의 강력으로 역사하심을 따라 믿는 우리에게 베푸신 능력의 지극히 크심이 어떤 것을 너희로 알게 하시기를 구하노라"(엡 1:17-19).

　"빛이 진리"라는 것은 "진리에 대한 이해"이다. 진리에 대한 깨달음이다. 빛은 진리에 대하여 두 가지 직능을 수행한다. 빛은 참 진리에 눈을 열게 하기 위해서 세상 진리에 대해서는 눈을 감게 한다. 바울이 그 예이다. "³사울이 행하여 다메섹에 가까이 가더니 홀연히 하늘로서 빛이 저를 둘러 비추는 지라 ⁴땅에 엎드려져 대답하되 주여 뉘시오니

　이까 가라사대 나는 네가 핍박하는 예수라. ⁶네가 일어나 성으로 들어가라 행할 것을 네게 이를 자가 있느니라 하시니 ⁷같이 가던 사람들은 소리만 듣고 아무도 보지 못하여 말을 못하고 섰더라 ⁸사울이 땅에서 일어나 **눈은 떴으나 아무것도 보지 못하고 사람의 손에 끌려** 다메섹으로 들어가서"(행 9:3-8).

　"¹⁷아나니아가 떠나 그 집에 들어가서 그에게 안수하여 가로되 **형제 사울아** 주 곧 네가 오는 길에서 나타나시던 예수께서 나를 보내어 **너로 다시 보게 하시고** 성령으로 충만하게 하신다 하니 ¹⁸**즉시 사울의 눈에서 비늘 같은 것이 벗어져 다시 보게 된지라** 일어나 침례를 받고 ²⁰즉시로 각 회당에서 예수의 하나님의 아들이심을 전파하니"(행 9:17-20). 사울

의 눈에 "빛"이 들어오기 전에 하나님께서는 그를 먼저 소경이 되게 하셨다. 왜 그러한가? 영적으로는 모든 중생한 사람들에게 공통으로 적용되는 내용이다. "그리스도인"이란 정의(定義)상 죽은 사람이다. 다시 태어난 사람이다. 세상 일락에는 죽어버린 사람이다. 세상 철학에 대해서는 소경 된 사람이다. 세상 지식과 세상 지혜가 "빛"이 되는가? 절대 그렇지 않다.

한 예를 보면, "미 대법원판결: '다수의 허위가 미국(美國) 제 1 개정 헌법에 의하여 보호를 받다'는 내용이 다음과 같이 Friday Church News Notes(2012년. 7월 13)에 보도된 바 있다: 스스로를 속이는 미 대법원은 6대 3으로 미군의 영웅적 업적에 대한 허위 보고를 불법으로 규정하고 있는 미연방법을 뒤집어 놓았다. 대법관 앤서니 케네디는, 그의 다수 의견서에서, 많은 거짓말이 제 1 개정헌법에 의해서 보호받고 있으며, 켈리포니아에 거주하는 한 사람이 자기가 무공훈장을 받았다고 거짓말한 것을 "거짓말은 그의 습관"이라고 하면서 그의 허위 보고를 정당화해 주었다. ("대법원이 법을 죽이다"는 제목으로 Sacramental Bee가 보도했다 (2012년. 6월 30일). 대법원의 다수 의견은, '거짓말을 처벌하는 것은 거짓말 자체보다 더 파괴적이다' 라고 판결하였다. 반대 의견을 제출한 사무엘 엘리토는 (연방)법은 "만연하여 가고 있는 무공훈장들에 대한 거짓 주장들은 우리 국가의 군 명예를 손상시키고 있으며, 참 유공자들과 그들 가족에게 실질적 해를 끼치고 있는 허위를 막기 위하여 법제화된 것"임을 주목하고 있다." 법원의 임무란 법률들이 헌법에 부합하는지를 판결하는데 있으며, 그것만이다. 미 헌법에는 법률이 거짓을 불법화는 것을 금지하는 조항은 단 하나도 없다. 대법원의 판결은 '신 도덕'에 근거한 수정주의 판결이며, 거짓에 대한 하나님의 안목은 미 대법원의 판결과는 판이하다.

"8그러나 두려워하는 자들과 믿지 아니하는 자들과 흉악한 자들과 살인자들과 행음자들과 술객들과 우상 숭배자들과 모든 거짓말 하는 자들은 불과 유황으로 타는 못에 참예 하리니 이것이 둘째 사망이라(계 21:8)." "빛의 사람"이란 세상 가치관이 "분토"가 되어버린 사람이다. 육신의 소욕에 대해서는 눈이 감겨져 버린 사람이다. 바울은 이 사실을 이렇게 기록하고 있다.

"6열심으로는 교회를 핍박하고 율법의 의로는 흠이 없는 자로라 7그러나 무엇이든지 내게 유익하던 것을 내가 그리스도를 위하여 다 해로 여길뿐더러 8또한 모든 것을 해로 여김은 내 주 그리스도 예수를 아는 지식이 가장 고상함을 인함이라. 내가 그를 위하여 모든 것을 잃어버리고 배설물로 여김은 그리스도를 얻고 9그 안에서 발견되려 함이니 내가 가진 의는 율법에서 난 것이 아니요 오직 그리스도를 믿음으로 말미암은 것이니 곧 믿음으로 하나님께로서 난 의라 10내가 그리스도와 그 부활의 권능과 그 고난에 참예 함을 알려하여 그의 죽으심을 본받아 11어찌하든지 죽은 자 가운데서 부활에 이르려 하노니 12내가 이미 얻었다 함도 아니요 온전히 이루었다 함도 아니라 오직 내가 그리스도 예수께 잡힌바 된 그것을 잡으려고 좇아가노라 13형제들아 나는 아직 내가 잡은 줄로 여기지 아니하고 오직 한 일 즉 뒤에 있는 것은 잊어버리고 앞에 있는 것을 잡으려고 ¹⁴푯대를 향하여 그리스도 예수 안에서 하나님이 위에서 부르신 부름의 상을 위하여 좇아가노라"(빌 3:6-14). 이것이 빌립보 교회 뿐아니라, 신약 교회 모습이다. 그리스도 예수의 푯대를 향해서가는 사람들을 **핍박했던**(빌 3:6절, dioko) 바울이 이제는 그리스도 예수님의 푯대를 행해 **좇아가는**(빌 3:12, 14, dioko) 사도가 되었다. 우리도 이제는 그러한 사람이 되자는 것이다.

⑷ 그러므로 우리는 빛의 자녀인지 어둠의 자녀인지 확인해야 한다.

"²¹네 보물 있는 그곳에는 네 마음도 있느니라 ²²눈은 몸의 등불이니 그러므로 네 눈이 성하면 온 몸이 밝을 것이요 ²³눈이 나쁘면 온 몸이 어두울 것이니 그러므로 네게 있는 빛이 어두우면 그 어두움이 얼마나 하겠느뇨 ²⁴한 사람이 두 주인을 섬기지 못할 것이니라"(마 6:21-23).

사람이 재물과 하나님을 겸하여 섬기지 못할 뿐 아니라 "빛의 아들이면서 동시 어둠의 아들이 될 수도 없다. 예수님께서는 그의 백성을 이미 "빛의 자녀"라고 말씀하시고 있다.

"¹⁴너희는 세상의 빛이라 산 위에 있는 동네가 숨기우지 못할 것이요 ¹⁵사람이 등불을 켜서 말 아래 두지 아니하고 등경(Lampstand)위에 두나니 이러므로 집안 모든 사람에게 비취느니라 ¹⁶이같이 너희 빛을 사람 앞에 비취게 하여 저희로 너희 착한 행실을 보고 하늘에 계신 너희 아버지 께 영광을 돌리게 하라"(마 5:14-16).

"⁸너희가 전에는 어두움이더니 이제는 주 안에서 빛이라 빛의 자녀들처럼 행 하라 [9]빛의 열매는 모든 착함과 의로움과 진실함에 있느니라 [10]주께 기쁘시게 할 것이 무엇인가 시험하여 보라 [11]너희는 열매 없는 **어두움의 일에 참예하지 말고 도리어 책망하라** [12]저희의 **은밀히 행하는 것**들은 말하기도 부끄러움이라"(엡 5:8-12).

(5) **그리스도인이 "세상이 빛"이라는 것과, "빛의 자녀"라는 것은 무엇을 의미하는가?**

    a. 내 안에서 사람들이 "성막"을 볼 수 있어야 할 것이다. 성막 안에 거하시는 하나님의 모습을 보게 하는 것이다. 곧 그리스도의 모습이다.

    b. 내 안에서 사람들이 "번제단"을 볼 수 있어야 할 것이다. "그리스도의 대속의 구속 사역"을. 나의 겸손한 모습과 하나님의 은혜로 주신 구속을 "두려움과 떨림으로 이루는" 모습이 보이지 아니하면 어떻게 사람들이 나에게서 "그리스도의 대속(代贖)"을 볼 수 있을 것인가?

    c. 내 안에서 사람들이 "물두멍"을 볼 수 있어야 할 것이다. "중생의 씻음"으로 "새 생명 가운데서 사는" 모습을. "새로운 피조물"의 모습을.

    d. 내 안에서 사람들이 "떡상"을 볼 수 있어야 할 것이다. "오직 그리스도의 말씀을 먹고 사는" 모습을. 물질에 그렇게 연연하지 아니하는 모습을. 하나님께서 내 원수의 목전에서 내게 상을 베푸신 모습을 보는 것이다.

e. 내 안에서 그리스도의 향기(사실은 "그의 죽으심을 항상 기념하는)를 감지할 수 있어야 할 것이다. 내 인생의 종말을 "기도"로 보내는 모습을.

(6) 성경은 왜 이러한 강력한 경고를 말하고 있는가?

"어둠" 곧 "밤"은 영원히 사라지기 때문이다. "어둠의 사람"은 "어둠"과 함께 영원히 사라진다. 빛은 창조주이고 그리스도이고 성도이고 교회이다. 영원한 존재들이다. 어둠은 영원히 어둠 속으로 사라진다.

"[22]성(城) 안에 성전을 내가 보지 못하였으니 이는 주 하나님 곧 전능하신 이와 및 어린 양 이 그 성전이심이라 [23]그 성은 해나 달의 비췸이 쓸데 없으니 이는 하나님의 영광이 비춰 고 어린 양이 그 등이 되심이라 [24]만국이 그 빛 가운데로 다니고 땅의 왕들이 자기 영광을 가지고 그리로 들어오리라 [25]성문들을 낮에 도무지 닫지 아니하리니 거기는 밤이 없음이라 [26]사람들이 만국의 영광과 존귀를 가지고 그리로 들어오겠고 [27]무엇이든지 속된 것 이나 가증한 일 또는 거짓말하는 자는 결코 그리로 들어오지 못하되 오직 어린 양의 생명책에 기록된 자들뿐이라"(계 21:22-27).

"[5]다시 밤이 없겠고 등불과 햇빛이 쓸데 없으니 이는 주 하나님이 저희에게 비취심이라 저희가 세세토록 왕노릇하리로다"(계 22:5). 이제 그곳엔 "빛의 사람들"만이 영원히 살 것이다. 다시는 곡하는 것이나 눈물이 없다.

"[3]내가 들으니 보좌에서 큰 음성이 나서 가로되 보라 하나님의 장막이 사람들과 함께 있으매 하나님이 저희와 함께 거하시리니 저희는 하나님의 백성이 되고 하나님은 친히 저희와 함께 계셔서 ⁴모든 눈물을 그 눈에서 씻기시매 다시 사망이 없고 애통하는 것이나 곡하는 것이나 아픈 것이 다시 있지 아니하리니 처음 것들이 다 지나갔음이러라 ⁵보좌에 앉으신 이가 가라사대 보라 내가 만물을 새롭게 하노라 하시고 또 가라사대 이 말은 신실하고 참되니 기록하라 하시고"(계 21:3-5).

C. 내가 어떻게 빛의 자녀가 될 것인가?

성막의 문에 먼저 들어가야 한다. 그리스도이다. 진정한 회개다. 번제단에서 나의 옛사람이 참으로 죽어야 한다. 진정한 회개의 표시이다. 물두멍에서 "중생의 씻음"을 받아야한다. 진정한 회개의 열매이다. 이제 빛의 자녀로 사는 삶이, 곧 "나는 빛의 자녀"라는 고백이 유일한 증거이다. 구체적인 삶이 있다. 예를 들면, 마 25장의 슬기로운 다섯 처녀와 미련한 다섯 처녀. 슬기로운 다섯 처녀는 한 손에 등을 들고 다른 한 손에는 기름병을 들었다. 미련한 다섯 처녀는 한 손에 등을 들고 다른 한 손에는 든 것이 없다.

마 25:14-30절의 달란트 비유도 동일한 메시지이다. 다섯 달란트 받은 사람은 한 손에 주인이 주신 다섯 달란트를 들었다. 다른 한 손에는 자기의 번돈, 자기의 인생, 신앙생활을 들고 나왔다. 두 달란트 받은 사람도 마찬가지다. 그러나 한 달란트 받은 사람은? 다른 한 손에 들고 온 것이 없다. 이것이 바로 " ²⁹무릇 있는 자는 받아 풍족하게 되고 없는 자는 그 있는 것까지 빼앗기리 라 [30]이 무익한 종을 바깥 어두운 데로 내어 쫓으라 거기서 슬피 울며 이를 갊이 있으리라 하니라"는 말씀의 뜻이다.

"삶은 열매"이다. "빛은 생명"이며 "빛은 삶"이다. 그러므로 바울은 "부지런하여 게으르지 말고 열심을 품고 주를 섬기라"(롬 12:11). "선을 행하되 낙심치 말지니, 피곤치 아니하면, 때가 이르매 거두리라"라고 말하였다(갈 6:9).

VI. 향단

출 30:1-10. 성막 안에있는 "분향 단"에 대한 하나님의 계시를 살펴보자. "향단"과 "향"에 대하여 신구약 성경에서 많은 구절이 있지만 우선 몇 개의 구절을 살펴볼 것이다.

A. 출 30:1-10

1. 분향 단을 만들어 정금으로 싸라(3절).
2. 증거궤 앞에 있는 장 밖에 두라(6절).
3. 매일 아침저녁 향을 사르라(7-8절).
4. 다른 향을 사르지 말라. 향 외에 일체의 다른 제물을 사르지 말라(9절).
5. 매년─일 년 일 차 ─ 향단 뿔을 위하여 속죄하고, 대대로 속죄하라. 영원한 규례이다(10절).
6. 이 단은 여호와께 지극히 거룩하다(10절). 지금, 이 향단과 향을 사르는 일들이 다 성취되었고 폐지되었다. 그러나 "여호와께 지극히 거룩한" 그 향을 사르던 "정신"은 "제사장들"에게 남아있다. 그것은 무엇인가?

B. 출 37:25-29

1. 모세가 하나님의 명하신 대로 "단 사면"을 정금으로 둘러쌓았다.

2. "거룩한 관유와 향품으로 정결한 향을 만들었다"(29절). "향을 만드는 법대로 만들었다"(29절).

3. 다른 불을 사용한 나답과 아비후의 죽음

"[1] 아론의 아들 나답과 아비후가 각기 향로를 가져다가 여호와의 명하시지 않은 다른 불을 담아 여호와 앞에 분향하였더니 [2]불이 여호와 앞에서 나와 그들을 삼키매 그들이 여호와 앞에서 죽은지라 [3]모세가 아론에게 이르되 이는 여호와의 말씀이라 이르시기를 나는 나를 가까이 하는 자 중에 내가 거룩하다 함을 얻겠고 온 백성 앞에 내가 영광을 얻으리라 하셨느니라 아론이 잠잠하니 [4]모세가 아론의 아자비 웃시엘의 아들 미사엘과 엘사반을 불러 그들에게 이르되 나아와 너희 형제들을 성소 앞에서 진 밖으로 메어 가라 하매 [5]그들이 나아와 모세의 명대로 그들을 옷 입은 채 진 밖으로 메어내니 [6]모세가 아론과 그 아들 엘르아살과 이다말에게 이르되 너희는 머리를 풀거나 옷을 찢지 말아서 너희 죽음을 면하 고 여호와의 진노가 온 회중에게 미침을 면케 하라 오직 너희 형제 이스라엘 온 족속이 여호와의 치신 불로 인하여 슬퍼할 것이니라"(레 10:1-6).

이들은 7일 동안 제사장 위임식을 다 마치고 이스라엘 백성의 제사장으로 임명되어 첫 번째 예배드리는 순간 하나님의 불이 내려와 불이 삼켜 죽음을 당했다. 왜 죽임을 당했는가? 이들은 "다른 불"을 향단에 사용했기 때문이다. 그러면 어디에서 "불"을 취했어 야하는가?

4. "[12]향로를 취하여 여호와 앞 단 위에서 피운 불을 그것에 채우고 또 두 손에 곱게 간 향기로운 향을 채워 가지고 장 안에 들어가서 [13]여호와 앞에서 분향하여 향연으로 증거궤 위 속죄소를 가리우게 할지니 그리

하면 그가 죽음을 면할 것이며"(레 16:12-13). 이 사건이 오늘날 우리에게 무엇을 의미하는가? 위의 내용은 사실상 인류역사상 하나님께서 주신 제사법에 따라 인간이 최초로 하나님께 드리는 "위임예배"라고 볼 수 있다.

(1) 오늘날 그리스도인이란 오직 예수 그리스도의 대속의 죽음을 믿음으로 하나님의 은혜로만 구원받은 사람이 아닌가? 오직 은혜로 구원받고 오직 하나님의 은혜로만 사는 사람들이 아닌가? 율법의 행위로는 의롭다함을 받을 육체가 없다. 그러므로 제사장들이 "분향"하는 이 정신은 오늘날 우리와는 무관한 것인가? 예수님께서는 율법을 폐하러 오셨는가? 완성케 하시려고 오셨는가? 말할 필요도 없이 완성하러 오신 것이다. 마 5:17-18에서 예수님께서 하신 말씀이다. "¹⁷내가 율법이나 선지자나 폐하러 온 줄로 생각지 말라 폐하러 온 것이 아니요 완전케 하려 함이로다 ¹⁸진실로 너희에게 이르노니 천지가 없어지기 전에는 율법의 일점일획이라도 반드시 없어지지 아니하고 다 이루리라"

(2) 그렇다면 구원받은 모든 성도에게는 이 "분향의 정신"이 이루어진 것이다. "소유" 된 것이다. "번제단의 불"이라는 바로 예수 그리스도의 대속의 희생을 의미하는 곳이다. "그리스도의 죽음"을 상징하는 곳이다. 그리스도의 "십자가"를 상징하는 곳이다. 인간이 하나님께 접근하는 길은 여러개가 있는 것이 아니다. 오직 한 길 밖에는 없다. 그것은 "번제단"이다. 그리스도의 대속의 죽음이다. 그리스도의 "십자

가"밖에는 어떠한 인간에게 "다른 길"이 없다. 그것은 마치 "다른 불"과 같다. 비록 이스라엘 백성의 최초의 제사장으로 위임받아서 가장 처음 하나님께 예배드리는 특권을 받았다 할지라도 "다른 불"을 드리면 "하늘의 불"로 처형되어 나답과 아비후과 같은 운명이 된다.

⑶ 뿐만 아니라 그리스도의 피로 구속함을 받았다는 것은 그리스도인은 "구원받은 이후 '다른 불'을 절대 사용하지 아니하는 사람들"이다. 그러면 어디의 불만 사용하는가? "번제단"의 불이다. 오직 예수 그리스도의 십자가로만 산다는 뜻이다. 이것이 바울의 고백이다. "다른 예수" "다른 복음"은 나답과 아비후의 비극을 초래하기 때문에 하나님 께서 "경고"로 보여주신 것이며, 이것이 곧 "은혜"라고 할 수 있다.

고전 2:2. 자신의 옛 사람을 불살라 소멸해 버린 그 불이다. 물론 "예수 그리스도의 피"이고 "성령의 씻음"이다. 항상 기억할 것은 이 사건의 대단히 중요한 의미를 갖기 때문에 성경은 여러번 되풀이해서 이 사건을 기록하고 있다.

"¹아론의 두 아들이 여호와 앞에 나아가다가 죽은 후에 여호와께서 모세에게 말씀 하시니라 ²여호와께서 모세에게 이르시되 네 형 아론에게 이르라 성소의 장안 법궤 위 속죄소 앞에 무시로 들어오지 말아서 사망을 면하라 내가 구름 가운데서 속죄소 위에 나타남이니라"(레 16:1-2).

"⁴나답과 아비후는 시내 광야에서 다른 불을 여호와 앞에 드리다가 여호와 앞에서 죽었고 무자하였고 엘르아살과 이다말이 그 아비 아론

앞에서 제사장의 직분을 행하였더라"(민 3:4).

"나답과 아비후는 다른 불을 여호와 앞에 드리다가 죽었더라"(민 26:61).

"²나답과 아비후가 그 아비보다 먼저 죽고 아들이 없으므로 엘르아살과 이다말이 제사장의 직분을 행하였더라"(대상 24:2).

"³⁹제사장 엘르아살이 불탄 자들의 드렸던 놋 향로를 취하여 쳐서 제단을 싸서 ⁴⁰이스라엘 자손의 기념물이 되게 하였으니 이는 아론 자손이 아닌 외인은 여호와 앞에 분향하러 가까이 오지 못하게 함이며 또 고라와 그 무리같이 되지 않게 하기 위함이라 여호와께서 모세로 그에게 명하신 대로 하였더라"(민 16:39-40).

(4) "분향한다"는 것은 대단히 중요한 의미를 갖는다. "분향한다"는 삶 전체를 하나님께만 바친다는 의미이다. 그런 의미로 무엇을 하나님께 바칠 때는 그 "일부가 자신의 생명 전부"를 의미한다. 이스라엘 백성의 예배 제도가 가장 처음으로 시작될 때 "제사장"이 "부적합자"로 처벌을 받고 제거된 것이다. 신약시대 때 "교회 시대"가 가장 처음 시작되는 때에 "성령을 속이고 땅값을 감춘 아나니아와 삽비라"에게도 동일한 처벌이 내린 것이다. "하나님 나라"에 "부적합자"라는 것이다. 성경은 "거룩한 나라"의 백성은 "언제나 거룩한 사람" 곧 "성도(聖徒)"라는 것을 끊임없이 가르치고 있다는 것을 알아야 할 것이다. 하나님은 자비롭고, 공의롭고, 항상 정결케 하시는 분이시다.

C. 신약의 성도에게 이 "향"은 무엇을 의미하는가?

1. 마 26:12-13. "향"은 예수님의 "대속의 죽으심"을 기념하는 향기로운 회고(懷古, 回顧, memoir & reminder) 이다.

"⁶예수께서 베다니 문둥이 시몬의 집에 계실 때에 ⁷한 여자가 매우 귀한 향유 한 옥합을 가지고 나아와서 식사하시는 예수의 머리에 부으니 ⁸제자들이 보고 분하여 가로되 무슨 의사로 이것을 허비하느뇨 ⁹이것을 많은 값에 팔아 가난한 자들에게 줄 수 있었겠도다 하거늘 ¹⁰예수께서 아시고 저희에게 이르시되 너희가 어찌하여 이 여자를 괴롭게 하느냐 저가 내게 좋은 일을 하였느니라 ¹¹가난한 자들은 항상 너희와 함께 있거니와 나는 항상 함께 있지 아니하리라 ¹²이 여자가 내 몸에 이 향유를 부은 것은 내 장사를 위하여 함이니라 ¹³내가 진실로 너희에게 이르노니 온 천하에 어디서든지 이 복음이 전파되는 곳에는 이 여자의 행한 일도 말하여 저를 기념하리라 하시니라 ¹⁴그 때에 열둘 중에 하나인 가룻 유다라 하는 자가 대제사장들에게 가서 말하되 ¹⁵내가 예수를 너희에게 넘겨주리니 얼마나 주려느냐 하니 그들이 은 삼십을 달아 주거늘"(마 26:6-15).

⑴ "향유"는 유월절 어린양 예수 그리스도의 "장사"를 의한 것이다.

그리스도의 죽음을 의미한다는 것이다. 이 사건은 유월절 하루 전쯤 되는 때였다. 아니 "번제단"에서 다 이루신 것이 아닌가? 이 "향유"의 의미는 번제단에 다 이루시지 못한 것이 있다는 의미는 결코 아니다. 중요한 것은 "번제단"과 "향단"이 각각 독립적으로 자체적으로 예수 그리스도의 "대속의 죽음"을 상징하는 것이다. 우리는 처음부터 "성막"은 전체가 예수 그리스도의 대속의 예표라는 것을 확인한 바있다. "성막"이 예수님의 "몸"이고, 요한복음 6장에서는 "⁵⁴내 살을 먹고, 내 피를 마시는 자는 영생을 가졌고 마지막 날에 내가 그를 다시 살리리니 ⁵⁵내 살은 참된 양식이요, 내 피는 참된 음료로다" 라고 예수님께서 말씀하심으로 그가 "대속의 제물"이 되신 것을 확인한 바 있다.

그리스도께서 향기로운 제물과 생축으로 하나님께 드리셨다. "그리스도께서 너희를 사랑하신 것 같이 너희도 사랑 가운데서 행하라 <u>그는 우리를 위하여 자신을 버리사 향기로운 제물과 생축으로</u> 하나님께 드리셨느니라"(엡 5:2).

(2) 이제 우리는 하나님께서 모세에게 왜 그처럼 정성스럽게 "향유의 원료들"을 준비하게 하셨는지를 이해할 수 있게 된다. "예수님의 죽음"에 대한 기념의 뜻이 있기 때문이다. "성막"의 전체와 성막 내부의 "개별적인 모든 것"이 다 예수 그리스도의 구속 사역을 위해서 준비된 것이다. 그러나 놀라운 것은 성경은 "성도"들을 향해 "성전"이라고 칭하고 있는 것을 이해해야 할 것이다. "교회"란 "거룩한 사람들"이다. "하나님 의 택한 백성"이다. "⁴곧 창세전에 그리스도 안에서 우리를 택하사 우리로 사랑 안에서 그 앞에 거룩하고 흠이 없게 하시려고 ⁵그 기쁘신 뜻대로 우리를 예정하사 예수 그리스도로 말미암아 자기의 아들들이 되게 하셨으니 ⁶이는 그의 사랑하시는 자 안에서 우리에게 거저 주시는바 그의 은혜의 영광을 찬미하게 하려는 것이라"(엡 1:4-6). 이것이 하늘의 신령한 축복이다.

2. "향"은 성도의 기도이다.

⑴ 시 141:2. "나의 기도가 주 앞에 향 같게 하시며, 나의 손 드는 것이 저녁 제사 같게 하소서"

⑵ 계 5:8. "⁸책을 취하시매 네 생물과 이십사 장로들이 어린양 앞에 엎드려 각각 거문고와 향이 가득한 금대접을 가졌으니 이 향은 성도의 기도들이라"

⑶ 보통, 평상시의 기도가 아니다.

계 8:3-6. "³또 다른 천사가 와서 제단 곁에 서서 금향로를 가지고 많은 향을 받았으니 이는 모든 성도의 기도들과 합하여 보좌 앞 금단에 드리고자 함이라 ⁴향연이 성도의 기도와 함께 천사의 손으로부터 하나님 앞으로 올라가는지라 ⁵천사가 향로를 가지고 단 위의 불을 담아다가 땅에 쏟으매 뇌성과 음성과 번개와 지진이 나더라 ⁶일곱 나팔 가진 일곱 천사가 나팔 불기를 예비하더라"

눅 21:36. "이러므로 너희는 장차 올 이 모든 일을 능히 피하고 인자 앞에 서도록 항상 기도하며 깨어 있으라 하시니라" 이러한 종류의 기도를 의미한다.

3. 성막 안에서 "향단"의 위치를 자세히 살펴볼 필요가 있다.

성막 안에서 법궤 곧 "속죄소"라고 하는 "시은좌"를 보면 "향단"이 마지막 부분이다. 전 우주와 온 세상과 인류 역사의 마지막 때이다. 번개와 지진은 물론 "종말"의 상징이고 표적이다.

계 11:19 "¹⁹이에 하늘에 있는 하나님의 성전이 열리니 성전 안에 하나님의 언약궤가 보이며 또 번개와 음성들과 뇌성과 지진과 큰 우박이 있더라"

계 16:17-18 "¹⁶세 영이 히브리 음으로 아마겟돈이라 하는 곳으로 왕들을 모으더라 ¹⁷ 일곱째가 그 대접을 공기 가운데 쏟으매 큰 음성이 성전에서 보좌로부터 나서 가로되 되었다 하니 ¹⁸번개와 음성들과 뇌성이 있고 또 지진이 있어 어찌 큰지 사람이 땅에 있어 옴으로 이같이 큰 지진이 없었더라 ¹⁹ 큰 성이 세 갈래로 갈라지고 만국의 성들도 무너지니 큰 성 바벨론이 하나님 앞에 기억하신 바 되어 그의 맹렬한 진노의 포도주잔을 받으매 ²⁰ 각 섬도 없어지고 산악도 간데 없더라"

계 16:7. "⁷또 내가 들으니 제단이 말하기를 그러하다 주 하나님 곧 전능하신 이시여 심판하시는 것이 참되시고 의로우시도다 하더라." 절실하게 기도가 필요한 때이다. 눅 21:36절에서 예수님 말씀과 같이 항상 깨어서 기도해야 할 때이다. 마지막 때를 예비하는 성도들의 모형(模型)이다.

VII. 휘장들

첫 번째 휘장과 두 번째 휘장: 출 26:33 ("성소와 지성소를 구별하리라") 이 책, 교회와 성막의 18쪽에 있는 성막 도형에서 두 개의 정사각을 하나로 접으면 "중앙" 만나는 곳이 곧 "번제단"과 지성소내의 "시은좌"가 된다. 그리스도께서 "다 이루었다(테텔레스태)" 라고 말씀하셨을 때(요 19:30), 하나님 아버지께서는 시은좌(Mercy Seat)위 그룹들 가운데서 전 인류의 대속이 성취되었음을 선포하신 것이라고 볼 수 있다. 이것은 참으로 위대한 사건이요, 위대한 순간이었다. 휘장은 예수 그리스도의 몸이다(히 10:20).

VIII. 지성소

A. 지성소

출 25:8-22

성소 (헤코데쉬[שׁ קֹדֶשׁ]), 히 9:2 "성소" (하기아[ἅγια])

지성소 (카데쉬 헤코데쉼[שׁ קֹדֶשׁ הַקֳּדָשִׁים]) 히 9:2-3. "지성소" (하기아 하기온['Αγια 'Αγίων])

왜 성소와 지성소를 구별하라고 하셨는가? 여기에 예수님의 "성육신"의 계시가 있다. "말씀이 육신이 되어 우리 가운데 거하시매(에스케노센, ἐσκήνωσεν) 우리가 그 영광을 보니 아버지의 독생자의 영광이요 은혜와 진리가 충만하더라"(요 1:14). "스케노우"는 "장막을 친다" "장막에 거한다"는 뜻이다. 예수님께서 근본 하나님의 본체이시지만, "시은좌"에 앉아 계시지 않고 "낮은 인간의 몸"으로 오실 것에 대한 예시(豫示, fore-shadowing, habiner)이다(빌 2:6).

B. 법궤와 속죄소 (시은좌, 施恩座): 번제단에서 드린 백성의 죄의 고백을 들으시고 "용서"를 선포"하시는 곳이다. 또한 번제단에서 드린 소제 전제들을 받으시고 축복을 내리시는 곳이다. 그곳이 곧 "말씀" (Diber, [דִּבֶּר])이다.

1. 언약궤의 명칭들:

(1) 증거궤 (ark of testimony)(출 25:16). (2) 언약궤 (ark of covenant)(민 10:33).

(3) 여호와의 언약궤(신10:8). (4) 온 땅의 주의 언약궤(수 3:11, 13). (5) 하나님

의 언약궤(삿 20:27) 등으로 표시되고 있다.

2. 언약궤의 구조

(1) 삼중(三重) 구조와 삼층(三層)으로 구성되어 있다

a. "3 중(重) 상자" 였다: "순금 밖의 상자, 나무상자, 순금 내부 상자"이다. 이는 예수 그리스도의 "신성" "인성" 다시 "신성"을 나타내는 모형이다.

  i) 밑 부분은 상자이고, 그 안에 "말씀"의 돌판을 넣어 두게했다(출 25:16, 21). 그러므로 "증거궤" 라고 부른다. "하나님께서 친수로 기록하신" 두 돌 판을 상자 안에 보관하였다(신 9:10). "증거궤"는 궁극적으로 "말씀이 육신에 되어 우리 가운데 거하신" 예수그리스도의 모형이다. "14 말씀이 육신이 되어 우리 가운데 거하시매(skenoo) 우리가 그 영광을 보니 아버지의 독생자의 영광이요 은혜와 진리가 충만하더라(요 1:14). "거하시다"는 "장막을 치다"는 뜻이다. "장막" 곧 일시적 거주지를 뜻한다.

  ii) 계 19:11-14, 마 4:3절에 나타난 "시험하는 자" 혹은 계 12:9절의 "큰 용, 옛 뱀, 마귀, 사탄"이라고 하는 원수에 대한 마지막 싸움이라고 할 수 있는 성도를 위한 그리스도의 싸우는 모습이다. "그가 피 뿌린 옷을 입었는데 그 이름은 하나님의 말씀이라 칭하더라"(계 19:13).

  iii) 이 말씀이 곧 하나님이시다(요 1:1).

b. 두 번째 부분은 순금으로 만든 "덮개"이다. 이 덮개를 "속죄소" 혹은 시은좌(施恩座)라고 한다. 영어 번역의 표현들은,

mercy-seat(Exo 25:17 ASV)

throne of mercy(Exo 25:17 GWN)

propitiatory, a lid of pure gold (Exo 25:17 LXA)

an atonement cover of (Exo 25:17 NIV)

"속죄소" [(케포렛트)" (כַּפֹּרֶת)]: (구약에서 24회 사용). 두 가지의 의미가 있음:

i) 백성의 중보자로 지성소에 들어온 제사장을 만나시는 언약의 하나님을 뜻함.

"거기서 내가 너와 만나고 속죄소 위 곧 증거궤 위에 있는 두 그룹 사이에서 내가 이스라엘 자손을 위하여 네게 명할 모든 일을 네게 이르리라 (speak)"(출 25:22).

"모세가 회막에 들어가서 여호와께 말씀하려 할 때에 증거궤 위 속죄소 위의 두 그룹 사이에서 자기에게 말씀하시는 목소리를 들었으니 여호와께서 그에게 **말씀**하심이었더라"(민 7:89). 그러므로 "속죄소"는 모든 인류의 중보자 예수 그리스도의 "말씀"의 예표이다. 이 말씀이 육신이 되어 세상에 오신 것이다(요 1:14).

"¹옛적에 선지자들로 여러 부분과 여러 모양으로 우리 조상들에게 **말씀**하신 하나님이 ²이 모든 날 마지막에 아들로 우리에게 **말씀**하셨으니 이 아들을 만유의 후사로 세우시고 또 저로 말미암아 모든 세계를 지으셨느니라"(히 1:1-2).

ii) 두 번째 뜻은 "속량한다"라는 의미이다.

"카파르"는 말에서 유래된 것으로 "대속한다"(to atone by offering a substitu- te)라는 뜻이다.

롬 3:25. "²⁵이 예수를 하나님이 그의 피로 인하여 믿음으로 말미암는 **화목제물**로 세우셨으니 이는 하나님께서 길이 참으시는 중에 전에 지은 죄를 간과하심으로 자기의 의로우심을 나타내려 하심이니" 그리스도로 말미암아 모든 인류에게 구원을 베푸시는 하나님의 은혜를 상징하는 표시이다. 그러므로 "**시은(施恩)좌**"라고 부른다. 이곳이 바로 모든 인류의 죄짐이 해결된 유일한 현장이다.

c. 세 번째 부분: 2 개의 그룹 [(보호천사) 키룹 (כרוב)]: "레위족"(22,000)과 군대(600,000)가 이 언약궤의 보호한다. (1) 천사가 보호하고 있고 (2) 레위인이 보호하고 있고 (3) 이스라엘 군대가 보호하고있다.

가장 중요한 특성은 "접근 제한"의 개념이다. "²여호와께서 모세에게 이르시되 네 형 아론에게 이르라. 성소의 장안 **법궤 위 속죄소 앞에 무시로 들어오지 말아서 사망을 면하라** 내가 구름 가운데서 속죄소 위에 나타남이니라 ³아론이 성소에 들어오려면 수송아지로 **속죄 제물**을 삼고 수양으로 **번제물**을 삼고 ⁴**거룩한 세마포 속옷**을 입으며 **세마포 고의**를 살에 입고 **세마포 띠**를 띠며 **세마포 관**을 쓸지니 이것들은 거룩한 옷이라 물로 몸을 씻고 입을 것이라"(레 16:2-4). 엡 6:11-17절 말씀을 상기케 한다.

세마포란 성도들의 "행실"을 뜻한다(계 19:8).

"접근제한"의 의미는 인류의 구원이 어떤 부류(部類)에 따라 제한이

정해져 있다는 뜻 은 결코 아니다. "구별의 법"(민 6:21), 곧 "하나님의 백
성"의 "성별(聖別)"된 신분과 삶에 있다. 거룩 (Holy)과 속된것(俗, profane)의
구별을 뜻한다. "새 하늘과 새 땅"의 영원한 천국에 들어오지 못하는 부
류의 사람을 성경은 반복해서 발표하고 있다. 오해가 없도록 (마 25:32-
46/ 고전 6:9-11/ 갈 5:19-21/ 엡 5:5/ 딤후 3:1-5/ 계 21:8, 27)

(2) 운반채를 양편에 달아서 사람이 손을 대지 않고 항상 어깨에 매고 운
반하도록 설계되었다.

(3) 위치가 중요하다: "지성소 안에" 오직 "여호와의 법궤 만"있다.

3. 언약궤의 위치

(1) 지성소이다. 지성소에 홀로 있다.

(2) 인류 역사의 종말의 모형이다.

성막의 많은 내용이 모두 계시록에 나타나고 있다. "등" = "어린
양"(계 21:23; 계 22:5)

"성전" 계 21:22. 나라/제사장들(계 5:10; 11:15).

"제단"(계 6:9; 계 16:7). "금향로"(계 8:3).

"하나님의 장막"(계 21:3). "속된 것"(계 21:27).

"언약궤"(계 11:19). "성도들의 인내"(perseverance) (계 14:12).

4. 언약궤의 역사, 행적을 살펴보자.

이 하나님의 법궤는 대단히 희귀하고 특별한 역사를 가지고 있다.

⑴ **민수기에서 보는 바와 같이 성막 자체는 상상할 수 없이 강력한 보호 속에 있다.**

레위기 16장에서 보는 바와 같이 심지어는 대제사장의 접근마저도 엄청나게 제한되어 있다.

⑵ **이러한 법궤가 때로는 거의 호위자 없이 노출되는 때가 있었다.**

a. 민 10:33. 삼일 길을 백성들 앞서 그들의 진 칠 곳을 찾아 나섰다.

"³³그들이 여호와의 산에서 떠나 삼 일 길을 행할 때에 여호와의 언약궤가 그 삼 일 길에 앞서행하며 그들의 쉴 곳을 찾았고 ³⁴그들이 행진 할때에 낮에는 여호와의 구름이 그 위에 덮였었더라"

b. 이스라엘 백성이 요단강을 건널 때 법궤가 앞서 갔고 백성들은 강물이 끊친 마른 땅으로 건너갔다.

⑶ **가장 이해하기 어려운 두 개의 사건들이 있다.**

법궤는 "하나님의 임재"를 상징한다. 그런데 법궤가 이곳 저곳을 정처가 없이 돌아 다녀야 했던 때가 있었다.

a. 수 18:1 절: "이스라엘 자손의 온 회중이 <u>실로</u>에 모여서 거기 회막을 세웠다" 그런데 이 법궤를 불레셋 군과의 전투에서 빼앗기고 말았다. "¹⁰블레셋 사람이 쳤더니 이스라엘이 패하여 각기 장막으로 도망하였고 살륙이 심히 커서 이스 보병 의 엎드러진 자가 삼만이었으며 ¹¹<u>하나님의 궤는 빼앗겼고</u> 엘리의 두 아들 홉니와 비느하스는 죽임을 당하였더라"(삼상 4:10-11).

이 사건이 바로 "이스라엘에서 하나님의 영광이 떠나버린(이카봇)" 때였다(삼상 4:21). 블레셋 사람들은 이스라엘의 하나님 법궤를 아스돗에 있는 자기들의 신 "다곤" 신전에 보관해 두었다(삼상 5장). 블레셋 사람들이 아침에 다곤 신전에 가보니 다곤의 몸이 여호와의 법궤 앞에 엎드려져 그 얼굴이 땅에 닿아 있고 목과 손목이 끊어져 버렸다. 그래서 그들은 급히 여호와의 법궤를 갓드로 옮겼으나 똑 같은 더 큰 재앙이 발생하니까 이제는 에그론으로 보냈다. 에그론 사람들이 부르짖어 가로되, "그들이 이스라엘 신의 궤를 우리에게로 가져다가 우리와 우리 백성을 죽이려한다" 고 들고 일어나서 이 궤를 속히 이스라엘백성에게로 돌려 보내라고 결의하여 이스라 엘 백성의 땅 벧세메스로 보낸다.

우리가 이 과정에서 하나님에 대한 중요한 교훈을 배우게 된다. 이스라엘 백성의 불순종과 반역으로 여호와의 법궤를 빼앗겼지만 하나님께서는 이스라엘 백성의 도움을 하나도 받지 않고 다시 이스라엘 땅으로 돌아왔다. 가시적 "물체"인 법궤를 신격화하여 숭배했을 때, 법궤는 그들의 우상숭배의 대상이 되어버린 것이다. 기독교 의 예배란 "불가시적"인 "영"으로만, 그리고 "진리"에 따라서만 드리는 영적예배가 되어야만 될 것이다.

b. 이스라엘 백성에게로 돌아왔지만 여전히 이곳 저곳으로 유랑의 길을 행하는 존재가 되었다. 벧세메스 사람들이 여호와의 법궤를 들여다 본고로 대 재앙이 그들 에게 내렸다(상상 6:19-20). 그래서 그들은 하나님의 법궤를 기럇여아림으로 보냈다. 기럇 여아림에서 - 길갈로 - 길갈에서 다시 - 놉으로 - 놉에서 다시 -바알 유다로 - 바알 유다 에서

- 다시 기럇여아림의 오벧에돔의 집으로 옮겨 다니셨다.

천지를 창조하신 만군의 여호와 하나님의 임재를 상징하는 이 법궤가 일정한 거처 가 없이 이곳 저곳으로 정처없이 옮겨 다녔다. 우리가 이 사건을 어떻게 이해해야할 것인가? 그러나 이 사건은 예수님의 이 땅에서의 생애를 보게 되면 별 이상할 것이 없다. 이 사건이 (이카봇: 영광이 떠남), 이스라엘 백성의 불순종으로 하나님의 영광이 떠나버린 내용이, 예수님께 적용될 때 예수님은 자원하여 스스로 그의 영광을 비우시고 세상에 ("영적으로 '가나안 땅'에") 오신 것이다(빌 2:6-7).

⑷ **이 사건은 하나님께서 이 땅에 보내신 하나님의 메시아의 생애와, 그를 믿음으로 중생한 하나님의 백성들의 지상에서 삶의 모형이다. 말할 필요도 없이 하나님의 백성들이 이 땅에서 하나님의 말씀을 가슴에 안고 행인과 나그네와 같이 살아가는 모습을 예시한 것이다. 그리스도인이란 이 땅에 정착하는 사람들이 결코 아니다. 이 땅에서는 행인과 나그네로 살아가는 사람이다. 왜냐하면 그들의 주님이 그렇게 이 땅을 살았기 때문이다.**

a. 이 땅에서 그리스도의 삶: 마 8:19-20.

"19한 서기관이 나아와 예수께 말씀하되 선생님이여 어디로 가시든지 저는 좇으리이다 20예수께서 이르시되 여우도 굴이 있고 공중의 새도 거처가 있으되 오직 인자는 머리 둘 곳이 없다 하시더라" 천지를 지으신 창조주 하나님 되신 예수님이시다. 그 분이 이 땅에서는 "거처도 없고" "머리 둘 곳도 없었던 때가 있었다"

하나님께서는 이스라엘 백성에게 "나는 너희와 함께한 나그네"라고 말씀하신 바 있다(레 25:23). 이 땅에서! 하나님께서 만드신 당신 자신의 땅에서 하나님도 나그네로 살으셨다. 그래서 요한은 예수님께서 이 땅에 오신 것을 "장막 (tent)"로 표현하고 있다.

요 1:14 (eskinowsen, 원형: skinow, "to fix one's tabernacle". 영원한 처소의 일시적 모형이다. 계 21:3).

b. 그분의 참 종들의 모습을 보자.

고전 4:8-16. "⁸너희가 이미 배부르며 이미 부요하며 우리 없이 왕노릇 하였도다 우리가 너희와 함께 왕노릇 하기 위하여 참으로 너희의 왕노릇 하기를 원하노라 ⁹내가 생각건대 하나님이 사도인 우리를 죽이기로 작정한 자같이 미말에 두셨으매 우리는 세계 곧 천사와 사람에게 구경거리가 되었노라 ¹⁰우리는 그리스도의 연고로 미련하되 너희는 그리스도 안에서 지혜롭고 우리는 약하되 너희는 강하고 너희는 존귀하되 우리는 비천하여 ¹¹바로 이 시간까지 우리가 주리고 목마르며 헐벗고 매맞으며 정처가 없고 ¹²또 수고하여 친히 손으로 일을 하며 후욕을 당한즉 축복하고 핍박을 당한즉 참고 ¹³비방을 당한즉 권면하니 우리가 지금까지 세상의 더러운 것과 만물의 찌끼 같이 되었도다 ¹⁴내가 너희를 부끄럽게 하려고 이것을 쓰는 것이 아니라 오직 너희를 내 사랑하는 자녀같이 권하려 하는 것이라 ¹⁵그리스도 안에서 일만 스승이 있으되 아비는 많지 아니하니 그리스도 예수 안에서 복음으로써 내가 너희를 낳았음이라 ¹⁶그러므로 내가 너희에게 권하노니 너희는 나를 본받는 자 되라"

c. 그리스도인이란 이 땅에서는 주님과 같이 행인과 나그네의 삶을 사

는 사람들이다.

"[11]사랑하는 자들아 나그네와 행인 같은 너희를 권하노니 영혼을 거스려 싸우는 육체의 정욕을 제어하라"(벧전 2:11). (레 25:23).

d. 누구에게 베드로는 이 말씀을 기록하고 있는가? "제사장들"이다. "[9]오직 너희는 택하신 족속이요 왕같은 제사장들이요 거룩한 나라요 그의 소유 된 백성이니 이는 너희를 어두운데서 불러내어 그의 기이한 빛에 들어가게 하신자의 아름다운 덕을 선전하게 하려 하심이라 [10]너희가 전에는 백성이 아니더니 이제는 하나님의 백성이요 전에는 긍휼을 얻지 못하였더니 이제는 긍휼을 얻은 자니라 [11]사랑하는 자들아 나그네와 행인 같은 너희를 권하노니 영혼을 거스려 싸우는 육체의 정욕을 제어하라"(벧전 2:9-10).

e. 어떠한 사람들이 "택함 받은 족속이요 왕 같은 제사장들이며 거룩한 나라"인가? 그리스도의 멍에를 매고 매일 그리스도께 배우는 사람이다.

"[28]수고하고 무거운 짐 진 자들아 다 내게로 오라 내가 너희를 쉬게 하리라 [29]나는 마음이 온유하고 겸손하니 나의 멍에를 메고 내게 배우라 그러면 너희 마음이 쉼을 얻으리니 [30]이는 내 멍에는 쉽고 내 짐은 가벼움이라 하시니라"(마 11:28-30). 많은 사람들에게 이 세상의 삶이란 힘들고, 괴롭고, 지치고, 고난이 계속되는 한(恨) 많은 번뇌(煩惱)의 여정(旅程)이다. 그러므로 예수님의 말씀은 "이 세상에서는 너희가 환난을 당하나 담대하라, 내가 세상을 이기었노라." "내가 이것을 너희에게 말함은 너희로 내 안에서 평안을 누리게 하려함이라"(요 16:33). 고난 중에 있는 성도들이여, 용기를 갖고, 오직 그리스도 안에서 평안을 찾기를 바랍니다.

f. 열심을 품고 주를 섬기는 사람들이다.

"[10]형제를 사랑하여 서로 우애하고 존경하기를 서로 먼저 하며 [11] 부지런하여 게으르지 말고 열심을 품고 주를 섬기라 [12]소망 중에 즐거워하며 환난 중에 참으며 기도에 항상 힘쓰며 [13]성도들의 쓸 것을 공급하며 손 대접하기를 힘쓰라 [14]너희를 핍박하는 자를 축복하라 축복하고 저주하지 말라 [15]즐거워하는 자들로 함께 즐거워하고 우는 자들로 함께 울라 [16]서로 마음을 같이 하며 높은데 마음을 두지 말고 도리어 낮은데 처하며 스스로 지혜 있는 체 말라 [17]아무에게도 악으로 악을 갚지 말고 모든 사람 앞에서 선한 일을 도모하라 [18]할 수 있거든 너희로서는 모든 사람으로 더불어 평화하라"(롬 12:10-18). 아멘.

(5) 이와 같이 이 기간은 성도들의 "성별"의 기간이다.

a. "법궤"가 사라져 버리는 때이다. 땅에서는 영원히! "새 예루살렘"이 대치할 것이다.

"[16]나 여호와가 말하노라 너희가 이 땅에서 번성하여 많아질 때에는 사람이 여호와의 언약궤를 다시는 말하지 아니할 것이요 생각지 아니할 것이요 기억지 아니할 것이요 찾지 아니할 것이요 만들지 아니할 것이며 [17]그때에 예루살렘이 여호와의 보좌라 일컬음이 되며 열방이 그리로 모이리니 곧 여호와의 이름으로 인하여 예루살렘에 모이고 다시는 그들의 악한 마음의 강퍅한 대로 행치 아니할 것이며"(렘 3:16-17).

이 법궤는 아마 주전 586년 예루살렘 성이 파괴될 때 함께 파괴되었을 것이다? 행여 우리는 이 언약궤가 영원히 사라져 버린 것으로 생각할 것이 아니다. 이 언약궤가 땅에 있었던 모형이 아니라 하늘에 있을 줄이야? 잃어버린 것이 아니다.

b. 왜 법궤가 성전에서 사라져 버렸는가?

하나님의 영광이 떠났기 때문이다. 삼상 4:10-11. "¹⁰블레셋 사람이 쳤더니 이스라엘이 패하여 각기 장막으로 도망하였고 살륙이 심히 커서 이스라엘 보병의 엎드러진 자가 삼만이었으며 ¹¹하나님의 궤는 빼앗겼고 엘리의 두 아들 홉니와 비느하스는 죽임을 당하였더라" 이들은 이미 하나님께서 죽이기로 작정한 "불량자"들이었다(삼상 2:12, 25).

c. 이때 빼앗긴 법궤가 "스스로" 이스라엘 백성에게 돌아왔으나 그 이후 이스라엘 백성은 결코 회개하지 않았고 점점 패역하여 갔다. 렘 5:1-2. "¹너희는 예루살렘 거리로 빨리 왕래하며 그 넓은 거리에서 찾아보고 알라 너희가 만일 공의를 행하며 진리를 구하는 자를 한 사람이라도 찾으면 내가 이 성을 사하리라 ²그들이 여호와의 사심으로 맹세할지라도 실상은 거짓 맹세니라"

렘 5:31. "³¹선지자들은 거짓을 예언하며 제사장들은 자기 권력으로 다스리며 내 백성은 그것을 좋게 여기니 그 결국에는 너희가 어찌하려느냐?" 결국에는 "법궤"를 영원히 상실하여 버렸다.

d. "법궤"가 구약성경에 마지막으로 언급된 것은 대하 35:3절에서이다.

"³또 여호와 앞에 구별되어서 온 이스라엘을 가르치는 레위 사람에게 이르되 거룩한 궤를 이스라엘 왕 다윗의 아들 솔로몬의 건축한 전 가운데 두고 다시는 너희 어깨에 메지 말고 마땅히 너희 하나님 여호와와 그 백성 이스라엘을 섬길 것이라"(대하 35:3). 이때가 바로 요시야왕 때이다. 주전 640년에서 609년 사이이다.

그리고 신약에서는 계 11:15-19이다. "[15]일곱째 천사가 나팔을 불매 하늘에 큰 음성들이 나서 가로되 **세상 나라가 우리주와 그 그리스도의 나라가 되어** 그가 세세토록 왕노릇 하시리로다 하니 [16]하나님 앞에 자기 보좌에 앉은 이십사 장로들이 엎드려 얼굴을 대고 하나님께 경배하여 [17] 가로되 감사하옵나니 옛적에도 계셨고 시방도 계신 주 하나님 곧 전능하신 이여 친히 큰 권능을 잡으시고 왕노릇하시도다 [18]이방들이 분노 하매 주의 진노가 임하여 죽은 자를 심판하시며 종 선지자들과 성도들과 또 무론 대소 하고 주의 이름을 경외하는 자들에게 상 주시며 또 땅을 망하게 하는 자들을 멸망시키실 때로소이다 하더라 [19]이에 **하늘에 있는 하나님의 성전이 열리니 성전 안에 하나님의 언약궤가 보이며 또 번개와 음성들과 뇌성과 지진과 큰 우박이 있더라**"

모세가 이스라엘 백성과 함께 건설한 성막과 언약궤는 "하나님께서 보여주신" (출 25:9; 40; 26:30; 27:8; 민 8:4) "참 장막"의 "모형과 그림자"였다 (히 9:8-9, 24). 그러면, 실체는 무엇이었는가? 그리스도와 그의 몸된 교회이다. [예언: 사 66:18-19, 21-22]

5. 언약궤는 이와 같이, 또한 "은혜"의 상징이고 "심판"의 상징이다.

⑴ 첫 번째 성도들이 그리스도와 함께 다스림의 상징이다.

a. 눅 22:28-30

b. 딤후 2:9-12.

⁹복음을 인하여 내가 죄인과 같이 매이는 데까지 고난을 받았으나 하나님의 말씀은 매이지 아니하니라 ¹⁰그러므로 내가 택하신 자를 위하여 모든 것을 참음은 저희로도 그리스도 예수 안에 있는 구원을 영원한 영광과 함께 얻게 하려 함이로라 ¹¹미쁘다 이 말이여 우리가 주와 함께 죽었으면 또한 함께 살 것이요 ¹²참으면 또한 함께 왕노릇할 것이요 우리가 주를 부인하면 주도 우리를 부인하실 것이라

c. 계 5:9-10 ⁹새 노래를 노래하여 가로되 책을 가지시고 그 인봉을 떼기에 합당 하시도다 일찍 죽임을 당하사 각 족속과 방언과 백성과 나라 가운데서 사람들을 피로 사서 하나님께 드리시고 ¹⁰저희로 우리 하나님 앞에서 나라와 제사장을 삼으셨으니 저희가 땅에서 왕노릇 하리로다 하더라.

⑵ **두 번째 심판의 상징이다**

a. 마 8:11-12.

¹¹또 너희에게 이르노니 동서로부터 많은 사람이 이르러 아브라함과 이삭과 야곱과 함께 천국에 앉으려니와 ¹² 나라의 본 자손들은 바깥 어두운데 쫓겨나 거기서 울며 이를 갊이 있으리라.

b. 마 21:43.

⁴³그러므로 내가 너희에게 이르노니 하나님의 나라를 너희는 빼앗기고 그 나라 의 열매 맺는 백성이 받으리라.

⑶ **그러므로 인내가 필요하다.**

"인내"란 그저 고통을 참는 것을 의미하는 것이 아니다. 긍정적으로는 "복음만을 따라" 사는 삶이다. 소극적으로는 "복음 외"에는 아무것도 따라 살지 않는 삶이다. 곧 그리스도 안에서 사는 삶을 뜻한다. 막 8:35. "35누구든지 제 목숨을 구원코자 하면 잃을 것이요 누구든지 나와 복음을 위하여 제 목숨을 잃으면 구원하리라 36사람이 만일 온 천하를 얻고도 제 목숨을 잃으면 무엇이 유익하리요"

a. 눅 21:17-19. 17또 너희가 내 이름을 인하여 모든 사람에게 미움을 받을 것이나 18너희 머리털 하나도 상치 아니하리라 19너희의 인내로 너희 영혼을 얻으리라.

b. 히 10:36-39. 36너희에게 인내가 필요함은 너희가 하나님의 뜻을 행한 후에 약속을 받기 위함이라 37잠시 잠간 후면 오실 이가 오시리니 지체하지 아니 하시리라 38오직 나의 의인은 믿음으로 말미암아 살리라 또한 뒤로 물러가면 내 마음이 저를 기뻐하지 아니하리라 하셨느니라 39우리는 뒤로 물러가 침륜에 빠질 자가 아니요 오직 영혼을 구원함에 이르는 믿음을 가진 자니라.

c. 계 13:10. 10사로잡는 자는 사로잡힐 것이요 칼에 죽이는 자는 자기도 마땅히 칼에 죽으리니 성도들의 인내와 믿음이 여기 있느니라.

d. 계 14:4-5. 4이 사람들은 여자로 더불어 더럽히지 아니하고 정절이 있는 자라 어린 양이 어디로 인도하든지 따라가는 자며 사람 가운데서 구속을 받아 처음 익은 열매로 하나님과 어린 양에게 속한 자들이니 5그 입에 거짓말이 없고 흠이 없는 자들이더라.

* 큰 질문:

1. 그러면 무엇이 남았는가? (성전도, 법궤도 다 지상에서 사라졌다)

　"그리스도 안에서" "사는 삶"밖에는 남은 것이 없다(Nothing but the "Life in Christ").

2. 그러므로 "어떻게" 살 것인가?

　"[10]그러나 주의 날이 도적같이 오리니 그날에는 하늘이 큰 소리로 떠나가고 체질이 뜨거운 불에 풀어지고 땅과 그 중에 있는 모든 일이 드러나리로다 [11]이 모든 것이 이렇게 풀어 지리니 너희가 어떠한 사람이 되어야 마땅하뇨 거룩한 행실과 경건함으로 [12]하나님의 날이 임하기를 바라보고 간절히 사모하라 그날에 하늘이 불에 타서 풀어지고 체질이 뜨거운 불에 녹아지려니와 [13]우리는 그의 약속대로 의의 거하는바 새 하늘과 새 땅을 바라보도다 [14]그러므로 사랑하는 자들아 너희가 이것을 바라보나니 주 앞에서 점도 없고 흠도 없이 평강 가운데서 나타나기를 힘쓰라 [15]또 우리 주의 오래 참으심이 구원이 될 줄로 여기라"(벧후 3:10-15).

IX. 대제사장과 제사장들

A. "제사장"

출 28:1-3; 29:1-9

1. 구약의 근원

(1) 제사장의 선택

a. 제사장의 자격: 제사장은 결코 "자원"해서 직분을 갖는 것이 아니다. "너는 이스라엘 자손 중 네 형 아론과 그 아들들 곧 나답과 아비후 와 엘르아살과 이다말을 그와 함께 네게로 나아오게 하여 나를 섬기 는 제사장 직분을 행하게 하라"(출 28:1). 이것이 하나님께서 모세에게 명하신 내용이다. 또한, 제사장은 하나님의 주권적 선택에 의해서 택 정된 것이지만, 출 19:5 절 말씀과 같이 "언약을 지키는" 순종 곧 믿 음이 있어야 한다. 출 28:36-38. 곧 "거룩"과 "성별"이다. 레 10:3. 레 21:16-24(히 5:4).

b. "제사장 제도"는 하나님의 절대주권 행사 중 하나이다. 이스라엘의 제사장 제도는 성막 건설과 예배제도의 실시에서부터 시작되었다. 제사장 제도는 항상 "백성"을 염두에 둔 것이다. 백서을 위한 중보(中 保)라기 보다는 , 계시록 2-3장의 "사자(使者, angel, messagner)"들의 임무 와 같은 것이다.

구약에서는 이스라엘 백성에게, 예수님의 구속사역 성취 이후에는 "하나님의 백성"을 염두에 둔 것이다. "⁵세계가 다 내게 속하였나니 너희가 내 말을 잘 듣고 내 언약을 지키면 너희는 열국 중에서 내 소유가 되겠고 6너희가 내게 대하여 제사장 나라가 되며 거룩한 백성이 되리라 너는 이 말을 이스라엘 자손에게 고할지니라"(출 19:5-6). 그러나 이 약속은 혈통으로의 이스라엘 백성에게 이루어진 것이 아니라 믿음으로 하나님의 백성 된 그리스도인들에게 성취된 것이다. "9새 노래를 노래하여 가로되 책을 가지시고 그 인봉을 떼기에 합당하시도다. 일찍 죽임을 당하사 각 족속과 방언과 백성과 나라 가운데서 사람들을 피로 사서 하나님께 드리시고 10 저희로 우리 하나님 앞에서 나라와 제사장을 삼으셨으니 저희가 땅에서 왕노릇하리로다 하더라"(계 5:9-10).

출 19:6절 이전 "제사장"에 대한 언급은 9번이며 "멜기세덱", 요셉의 장인된 애굽의 제사장 "온", 모세의 장인된 "여드로" 등이다. 출 19:6절 이후에 "제사장"은 구약에서 615회 정도, 신약에서는 143 회 정도된다. 출 19:6절 말씀은 신약에서 벧전 2:9절과, 위에서 본 바와 같이 계 5:9-10절에서 성취되었다.

"9오직 너희는 택하신 족속이요 왕 같은 제사장들이요 거룩한 나라요 그의 소유된 백성이니 이는 너희를 어두운 데서 불러 내어 그의 기이한 빛에 들어가게 하신 자의 아름다운 덕을 선전하게 하려 하심이라 10 너희가 전에는 백성이 아니더니 이제는 하나님의 백성이요 전에는 긍휼을 얻지 못하였더니 이제는 긍휼을 얻은 자니라"(벧전 2:9).

c. 제사장 신분을 통해서 신약 성도와 교회를 이해하는데 있어서 가장 중요한 것은 "신학적 편견"의 선입견으로 이해해서는 않된다는 점이다. 오히려 많은 목사들의 비성서적인 편견을 바로 잡아야 할 필요가

있다. 그러므로 성전보다 크신 예수님이 친히 성전이 되셨고 교회의 머리가 되시고 교회는 그리스도의 몸이고 그리스도인의 몸은 성전이며 교회도 성전 된(고전 3:16-17) 사실 등을 충분하게 이해해야 할 것이다. 예수님과 교회와 성도와 천국 등이 실체(實體, antitype)이고 성막, 제사장, 레위인, 번제단 등이 모형(模型, type)이 된다.

제사장 선택은 하나님의 주권 행사이지만 또한 인간의 "순종"에 대한 조건도 포함된다. 이 부분은 하나님의 섭리를 이해하는 데 절대 필요한 요소이다. 하나님의 절대 주권의 행사는 인간에 주신 "제한된 자유의지 행사"라는 조건을 요구한다.

(2) 구약의 제사장 제도

a. 위임식 준비(출 28-30 장; 레위기 8-9 장): 그 준비는 다음과 같은 내용을 포함하고 있다.

   i) 하나님의 선택: 제사장은 사람이 임명하는 것도 아니고 스스로 자원해서 직위를 갖는 것도 아니다. "하나님의 지명"에 의한 것이다 (출 28:1).

   ii) 제사장의 의복 규정(2-8절): "흉패와 에봇과 겉옷과 반포 속옷과 관과 띠라." "아론의 옷을 지어 그를 거룩하게하여 내게 제사장 직분을 행하게 하라"(3절). 제사장이 입은 옷은 성도의 "거룩"의 상징이다. "그리스도로 옷 입고"(롬 13:14).

   iii) 에봇에 이스라엘 12지파: 곧 "이스라엘 아들들의 이름을 새겨. 두 어깨에 메어 서 기념이 되게" 해야 한다. 제사장의 "중보" 기능을 예시한 것이다. 이것이 곧 신약 성도에게는 "만인 제사장" 교리의 근간이 된다.

iv) 에봇에 "판결" 흉패를 착용하라(15 절): 제사장의 재판 기능을 상징한다. 이것이 영원한 "기념"이기 때문에(29-30 절) 신약 성도에게는 영적 분별을 포함하여 많은 적용이 있다(눅 22:30; 고전 2:14-15; 고전 5:3, 12; 고전 6:2, 5).

v) "옷 가장자리로 돌아가며 금 방울을 달으라"(34 절): 이 내용이 중요한 의미를 갖는다. 왜냐하면 "아론이 입고 여호와를 섬기려 성소에 들어갈 때와 성소에서 나갈 때에 그 소리가 들릴 것이라. 그리하면 그가 죽지 아니하리라"(35 절).

그리스도인들이 "하나님을 아는 일"에 소홀하고 무지한채 세월을 그냥 보내는 것 은 지혜 있는 인생이 아닌 것같다. 바울은 에베소 교인들에게 "지혜와 계시의 정신을 주시어 하나님을 알게 하옵소서"라고 기도한 바 있다 (엡 1:17). "계시"라는 말은 마 16:23절에서는 "하나님의 일을 생각하다"는 말과 "사람의 일을 생각하다"는 구절에서 "생각하다"는 말과 같다. 하나님의 일과 사람의 일을 분별하는 영적 능력을 의미한다. 그리스도인들이 "하나님의 임재"를 안다면, 그들의 삶에 반드시 변화가 있을 것이다. "하나님의 임재에 들어간다"는 것은 언제나 "죽음과 삶"의 문제이다. 성막의 동쪽 문도 그렇고, "번제단"의 의미도 그렇다. "그리스도 안"에 들어간다는 것은 로마서 6장 6절의 말씀이 이루어졌다는 뜻이다. "그리스도 안에서" 우리가 택함을 받았다는 것은 "그 앞에 거룩하고 흠이 없게 하심이" 이루어졌다는 뜻이다(엡 1:4). 예수님의 단번에 드린 제사로 말미암아 거룩케 된 자를 영원히 온전케 하신 것이다.

그리스도인이란 자신의 신분을 아는 사람이다. "그 앞에" 있다는 것을 아는 사람들이다. 아론은 지금 한 걸음 한 걸음 걸을 때마다 방울 소리를 듣는다. "내가 지금 어디에 있는가?" 현대 교회의 소위 "제사장들"은 이러한 방울 소리를 들은적이 없이 예배도 참석하고 기도도 하는 것 같은 모습이 있다. 예배란 천지의 주재이신 여호와 하나님 앞에 있다는 의식(意識)을 의미한다.

(3) 제사장 직능

a. 제사장의 첫 번째 직능은 "예배"이다.

그들은 아침저녁으로 상번제를 드려야 한다. a) 번제를 드리고(출 29:38-46). b) 지성소 "밖에서 저녁부터 아침까지 여호와 앞에 등잔불을 정리"해야 한다. 이것이 제사장의 영원한 규례이다(레 24:3-4). c) "영원한 언약"인 "진설병"을 매 안식일마다 새 덩어리로 진설해야 한다(레 24:5-9). 떡은 예수님이 공급하는 생명의 상징이다.

b. "번제단의 불"이 꺼지지 않게 관리해야 한다(레 6:9, 13).

c. 제사장은 자신의 죄를 인하여 속죄받아야 한다(레 4:3-12; 9:7; 16:6; 히 7:27).

d. 제사장은 "제사장 옷"을 입기 전에 먼저 "씻음"을 받아야 한다(레 8:6).

e. 제사장은 이스라엘 백성의 부정하고 정한 삶을 위해서 분별해 주는 직능이 있다(레 12:7-8; 레위기 13 장; 레 14:57). "언제는 부정하고 언제는 정

함을 가르치는 것이니 문둥병의 규례가 이러하니라"(레 15:57). 이들 다양하고 정밀한 규칙들은 하나의 목표에 그 의미가 있다: 곧 "하나님 백성의 거룩성"이다(레 11:44).

f. 제사장은 또한 이스라엘 백성에게 말씀을 가르치는 직능과 판결의 직능이 있다(신 17:8-11; 19:17; 21:5). 교회는 만인제사장 교리의 적용을 받지만, 하나님께서는 교회에 "목사와 교사"를 주셨으니(엡 4:11), 목사의 직능은 복음을 성서적으로 가르치는 책임이 있다. 다만 교사로 가르치는 선생이 아니다(약 3:1). 반드시 진리의 복음을, 진리만을 전해야할 책임이 있다. 자신의 지식과 소견이나 교단교리 강의가 "목사"가 수행하는 "교사"의 자격은 아니다.

g. 제사장은 이스라엘 백성을 축복하는 직능이 있다(레 9:22; 민 6:23-27). 제사장의 이 축복권은 오늘날 목사에게만 적용되는 것이 아니다. 모든 성도에게 다 적용되는 것이다. 마치 목사에게만 축복권과 저주권이 있는 것처럼 시사하는 것은 이방신 섬기는 제사장들이나 로마 가톨릭교회의 사제권 행사의 정신에서 나온 것이다. 제사장 직분 오용(sacerdotal abuse) 및 이방사상의 부패에 기인한 것이다.

(4) 제자장에게 특별히 요구되는 것들:

a. 무엇보다 먼저 제사장은 "흠 없는" 자라야 한다. 제사장의 "몸"에 관한 규정이다.

"시체에 가까이"하여 부정한 자가 되어서는 안 된다. 결혼 대상자는 "처녀를 취하여 아내를 삼으라." "육체에 흠이 있는 자가 가까이 오지 못한다." "이와 같이 그가 나의 성소를 더럽히지 못할 것은 나는 그들을 거룩하게 하는 여호와임니라"(레 21 장).

b. "옷"에 관한 규정이다.

하나님께서 모세에게 명하시어 위임식을 위하여 가장 먼저 "아론과 그 아들들을 데려다가 물로 그들을 씻기고" "옷"을 입혔다(레 8 장). "관유"를 발라 장막과 그 내부의 모든 것을 거룩하게 하고 아론과 그 아들들을 거룩하게 하였다. 위임식 제물을 잡아 그 피를 아론과 그 아들들의 "옷에 뿌려서 옷을 거룩하게" 하였다. 모세는 그들에게 "너희는 칠 주야(晝夜)를 회막문에 거하여 여호와의 부탁을 지키라. 그리하면 사망을 면하리라. 내가 이같이 명령을 받았느니라. 아론과 그 아들들이 여호와 께서 모세로 명하신 모든 일을 준행하니라"(레 8:35-36; 출 28:3; 29:21; 29-30). 제사장의 의복은 무엇을 상징하는가? (롬 13:12:14; 골 3:9-10)

c. "의관"(衣冠)이 정제(整齊) 되어야 한다. 하나님께서 "옷"에 대해서 "관"에 대해서 얼마나 깊은 관심을 보이신 것을 우리가 보는가? 제사 드리는 절차에 "성물"에 대한 면밀하고 조심스런 준수를 얼마나 심각하게 요구하셨는가?

아론의 두 아들 나답과 아비후의 경우를 보자. 우리는 오늘날 이러한 위임식 절차를 밟지 않는다 할지라도 가장 세밀하게 준비하였고 번제와 요제를 드리고 칠일 동안에 매일 계속된 제사와 위임식 절차를 마치고 아론이 이스라엘 백성을 축복하였음을 본다. 처음 히브리 성경은 장(章)과 절(節)의 구별이 없었으므로 레 9:22절에서 10:3절까지를 한눈에 보자.

"²²아론이 백성을 향하여 손을 들어 축복함으로 속죄제와 번제와 화목제를 필하고 내려오니라 ²³모세와 아론이 회막에 들어갔다가 나와서 백성에게 축복하매 여호와의 영광이 온 백성에게 나타나며 ²⁴**불이 여호와 앞에서 나와 단 위의 번제물과 기름을 사른지라** 온 백성이 이를 보고 소리 지르며 엎드렸더라. ¹아론의 아들 나답과 아비후가 각기 향로를 가져다가 여호와의 명하시지 않은 다른 불을 담아 여호와 앞에 분향 하였더니 ²**불이 여호와 앞에서 나와** 그들을 삼키매 그들이 여호와 앞에서 죽은지라 ³ 모세가 아론에게 이르되 이는 여호와의 말씀이라, 이르시기를 나는 나를 가까이하는 자 중에 내가 거룩하다 함을 얻겠고 온 백성 앞에 내가 영광을 얻으리라 하셨느니라 하매 아론이 잠잠하니"(레 9:22-10:3).

나답과 아비후는 제사장으로 기름 부음을 받은 첫날 (혹은 다음 날 아침) 이스라엘 역사상 가장 최초로 성막에서 하나님께 예배드리는 순간 "여호와 앞에서 나와 단 위의 번제물과 기름을 사른" 동일한 "여호와의 불"이 내려와 그들을 살랐다. "나를 존중히 여기는 자를 내가 존중히 여기고 나를 멸시하는 자를 내가 경멸히 여기리라"(삼상 2:30)의 말씀은 예나 지금이나 동일한 약속과 경고이다. "하나님은 만홀이 여김을 받으시지 않는다."

(5) 우리는 이 모든 제사장 위임식 절차가 우리에게 적용되는 것은 아니라는 것을 알고 있다. 그러나 근본적으로 하나님을 섬기는 자들의 "거룩"함을 위해서 그리스도께서 그의 피로 값 주고 사서 하나님께 드린 그 정신은 우리에게 분명하게 적용되고 있는 것도 또한 알고

있다.

"⁹일찍 죽임을 당하사 각 족속과 방언과 백성과 나라 가운데서 사람들을 피로 사서 하나님께 드리시고 ¹⁰ 저희로 우리 하나님 앞에서 나라와 제사장을 삼으셨으니 저희가 땅에서 왕노릇 하리로다 하더라"(계 5:9-10).

히 10:10, 14.
a. 그리스도인들을 "성도"라고 부르는 것은

그 "성도"라는 말이 의미하는 내용과는 상관 없이 "그저 그렇게 부르는" 칭호는 아니다. 하나님께서 "거룩한 사람들"이 되게 하셨기 때문에 "성도"라고 부른 것이다. 하나님께서 한 죄인이 "그리스도의 대속"의 사역을 "깨닫고" 오직 믿음으로 예수 그리스도를 주로 영접하는 자를 "의롭다"고 칭하실 때 "거룩하게" 하시지 않고 받아드리는 사람은 단한 사람도 없다고 이해해야 한다. "⁹불의한 자가 하나님의 나라를 유업으로 받지 못할 줄을 알지 못하느냐 미혹을 받지 말라. 도적이나 탐람하는 자나 ¹¹너희 중에 이와 같은 자들이 있더니 주 예수 그리스도의 이름과 우리 하나님의 성령 안에서 씻음과 거룩함과 의롭다 하심을 얻었느니라"(고전 6:9-11; 행 26:18).

b. 하나님과 화평함이 없이는 인간은 다른 사람과 화평함을 유지할 수 없는 존재이다.

그러므로 "모든 사람으로 더불어 화평함과 거룩함을 좇으라 이것이 없이는 아무도 주를 보지 못하리라"(히 12:14). 인간 관계에서도 이러한 요구가 있거늘 하물며 하나님과의 관계에 있어서 "흠 있는" 자가 주의 얼굴을 볼 수 없을 것이다. 하나님께서 왕의 규례보다는 제사장들에게 훨씬 높은 수준의 절차와 거룩함을 요구하는 이유는 당연한 것이다. "제사장"은 신약에 바로 "성도들" 곧 구원받은 하나님의 백성들이기 때문이다.

교회는 왕같은 제사장들(Royal Priesthood)이다.

c. 성도의 제사장 신분

만인제사장 교리는 첫 째 각 성도가 하나님께 직접 나아가 자신의 죄를 고백하고 회개와 감사와 경배를 드리는 신분을 의미한다. 두 번째, 다른 사람의 영혼의 구원을 위해서 기도하고 약한 자를 돌아보아 주는 기능을 의미한다. 제사장의 재판 기능을 상징한다. 이것이 영원한 "기념"이기 때문에(출 28:29-30 절) 신약 성도에게는 영적 분별을 포함하여 많은 적용이 있다(눅 22:30; 고전 2:14-15; 고전 5:3, 12; 고전 6:2, 5).

2. 신약에서 제사장들의 선택

1장에서 본 바와 같이 신약에서는 모든 "성도(聖徒)"를 "제사장들"이라고 칭하고 있다(벧전 2:9; 계 5:10). 제사장은 구약에서와 마찬가지로 신약성도들도 하나님의 선택을 받은 자들이다. 혈통이 아니라 오직 각자의 믿음이 기준이다.

(1) **신약에서 하나님의 선택의 일을 살펴보자.**

a. 열두 사도의 선택: "밝으매 그 제자들을 부르사 그 중에서 열둘을 택하여 **사도**라 칭하셨으니"(눅 6:13).

b. 과실을 맺게 선택: "너희가 나를 택한 것이 아니요 내가 너희를 택하여 세웠나니 이는 너희로 가서 **과실을 맺게** 하고 또 너희 과실이 항상 있게하여 내 이름으로 아버지께 무엇을 구하든지 다 받게 하려 함이니라"(요 15:16).

c. "세상에서 택하여 내어서" 따로 "하나님 나라의 백성"으로 선택하셨다.

　　"너희가 세상에 속하였으면 세상이 자기의 것을 사랑할 터이나 너희는 세상에 속한 자가 아니요 도리어 **세상에서 나의 택함**을 입은 자(I chose you out of the world) 인고로 세상이 너희를 미워하느니라"(요 15:19).

(2) **세상에서 택하여 내신 목적은 그들의 거룩함에 있다.**

　　"¹⁴내가 아버지의 말씀을 저희에게 주었사오매 세상이 저희를 미워하였사오니 이는 내가 세상에 속하지 아니함 같이 저희도 세상에 속하지 아니함을 인함이니이다 ¹⁵내가 비옵는 것은 저희를 세상에서 데려가시기를 위함이 아니요 오직 악에 빠지지 않게 보전하시기를 위함이니이다 ¹⁶내가 세상에 속하지 아니함 같이 저희도 세상에 속하지 아니하였삽나이다 ¹⁷저희를 진리로 거룩하게 하옵소서 아버지의 말씀은 진리니이다 ¹⁸아버지께서 나를 세상에 보내신 것 같이 나도 저희를 세상에 보내었고 ¹⁹또 저희를 위하여 내가 나를 거룩하게 하오니 이는 저희도 진리로 거룩함을 얻게 하려 함이니이다"(요 17:14-19).

"곧 창세 전에 그리스도 안에서 우리를 택하사 우리로 사랑 안에서 **그 앞에 거룩하고 흠이 없게 하시려고**"(엡 1:4). "그 앞에 거룩하고 흠이 없게" 하시려고 택하여 내셨다.

"내 사랑하는 형제들아 들을지어다 하나님이 세상에 대하여는 가난한 자를 택하사 **믿음에 부요하게** 하시고 또 자기를 사랑하는 자들에게 약속하신 나라를 <u>유업으로 받게</u> 아니하셨느냐"(약 2:5). "믿음에 부요하게" "약속하신 나라를 유업으로 받게" 택하여 내셨다

"제사장들"에게 가장 우선으로 요구되는 조건은 거룩성이다. "[15]오직 너희를 부르신 거룩한 자처럼 너희도 모든 행실에 거룩한 자가 되라 [16]기록하였으되 내가 거룩하니 너희도 거룩할 찌어다 하셨느니라"(벧전 1:15-16). 구약의 제사장은 하나님을 섬길 때 머리에 쓴 관 전면에 "여호와께 거룩"이라는 표를 붙여야 한다. 신약의 제사장은?

B. 제사장과 거룩

1. "거룩"이란 어떠한 개념인가?

(1) "거룩"은 곧 "하나님"이다.

하나님께서는 "나는 거룩하다"라고 말씀하셨고 하나님 외에는 어느 누구도 하나님이전 에 이후에도 어떠한 존재도 스스로를 "거룩하다"라

고 선언한 자가 없다. 그러므로 "거룩"의 핵심은 하나님이고 그 내용은 "성별"이다. 그러나 히브리어 "카도쉬"(혹은 카데쉬 등의 여러 발음)이라는 말은 첫째, "끊는다"(cut)라는 뜻이 있고 두 번째, "분리하다"는 뜻과 세 번째 "정결하다"(혹은 "헌신하다")는 뜻이 있다고 한다. 네 번째 의미는 무엇이든지 "속된 것(profane)" 혹은 "부정한 것"의 반대가 "거룩"이다.

(2) 거룩의 근원이 되는 "하나님의 거룩성"을 보면,

"나는 여호와 너희 하나님이라. 내가 거룩하니 **너희도 몸을 구별하여 거룩하게 하고**, 땅에 기는 바 기어다니는 것으로 인하여 스스로 더럽히지 말라"(레 11:44)라고 말씀 하신다 "너는 이스라엘 자손의 온 회중에게 고하여 이르라. 너희는 거룩하라. 나 여호와 너희 하나님이 거룩함이니라"(레 19:2). "오직 너희를 부르신 거룩한 자처럼 **너희도 모든 행실에 거룩한 자가되라** 기록하였으되 **내가 거룩하니 너희도 거룩할찌어다** 하셨느니라"(벧전 1:15-16).

좀 더 깊이 "하나님의 거룩성"을 살펴보면 **하나님의 거룩하심**은 "차마 악도 바라 볼 수 없는" 그러한 분이라는 뜻이다. "주께서는 눈이 정결하시므로 악을 참아 보지 못하시며 패역을 참아 보지 못하시거늘 어찌하여 궤휼한 자들을 방관하시며 악인이 자기보다 의로운 사람을 삼키되 잠잠하시나이까"(합 1:13). 이러한 하나님에 대한 표현을 읽을 때 그리스도인들은 자신의 정체를 점검해야 한다. 우리는 그리스도의 은혜를 입었기 때문에 하나님의 보좌 앞에 담대히 나갈 수 있는 자라고 생각한다(히 4:16). 그러나 3장에서 히브리서 기록자는 "성경에 일렀으되 오늘날 너희가 그의 음성을 듣거든 노하심을 격동할 때와 같이 너희 마음을 강퍅케 하지 말라 하였으니, 듣고 격노케 하던 자가 누구뇨 모세를 좇아 애굽에서 나온 모든 이가 아니냐? 또 하나님이 사십 년 동안에 누구에게 노하셨느뇨? 범죄하여 그 시체가 광야에 엎드러진 자에게가 아니냐? 또 하나님이 누구에게 맹세하사 그의 안식에 들어오지 못하리라 하셨느뇨? 곧 순종치 아니하던 자에게가 아니냐? 이로 보건대 저희가 믿지 아니하므로 능히 들어가지 못한 것이라"(히 3:15-19). 히 4:6절에서는 "그러면 거기 들어갈 자들이 남아 있거니와 복음 전함을 먼저 받은 자들은 순종치 아니함을 인하여 들어가지 못하였으므로." "그리스도 안에" 있는 자란, "거룩한 자"이고 "그리스도 안에서 신실한 자"이다(엡 1:1). "거룩하고 흠이 없는 자" 되도록 택함을 받은 자들이다(엡 1:4). 순종하는 자들이다.

2. "하나님의 거룩성"은 어떻게 나타나는가?

⑴ "죄의 심판"에 나타난다.

"아론의 아들 나답과 아비후가 각기 향로를 가져다가 여호와의 명하시지 않은 다른 불을 담아 여호와 앞에 분향하였더니 불이 여호와 앞에서 나와 그들을 삼키매 그들이 여호와 앞에서 죽은지라 모세가 아론에게 이르되 이는 여호와의 말씀이라. 이르시기를 나는 나를 가까이하는 자 중에 내가 거룩하다 함을 얻겠고 온 백성 앞에 내가 영광을 얻으리라 하셨느니라. 아론이 잠잠하니"(레 9:22-10:3). "너희는 스스로 깨끗케 하여 거룩할 지어다. 나는 너희 하나님 여호와니라"(레 20:7). "너는 이르기를 주 여호와의 말씀에 시돈아 내가 너를 대적하나니 네 가운데서 내 영광이 나타나리라 하셨다 하라. 내가 그 가운데서 국문을 행하여 **내 거룩함을 나타낼 때에 무리가 나를 여호와인 줄 알지라**"(겔 28:22). 죄의 심판이 없는 무질서 속에서는 하나님의 영광이 나타나지 아니하며 거룩하지 아니한 상태이다.

(2) **하나님께서 당신의 언약을 지키시며, 그 백성을 움직이실 때에 하나님의 거룩이 열방 중에 나타난다** "이는 이스라엘 온 족속이 그 땅에 있어서 내 거룩한 산 곧 이스라엘의 높은 산에서 다 나를 섬기리니 거기서 내가 그들을 기쁘게 받을지라. 거기서 너희 예물과 너희 올림 제의 첫 열매와 너희 모든 성물을 요구하리라. 나 대주재 여호와의 말이니라"(겔 20:41).

(3) **하나님의 백성이 부정과 구별하는 삶을 살 때 하나님의 거룩하심이 나타난다**(겔 22:26). 하나님께서는 "내가 거룩하니 너희도 거룩하라"고 명하신다. 그러므로 하나님의 백성과 하나님과 접촉되는 모든 것들이 다 거룩하다. "성전, 성물, 성막, 성도, 거룩한 성 새 예루살렘"(계 21:2) 등.

3. 하나님의 이 명령의 근본정신은 다음과 같다.

(1) **"하나님의 임재 (Presence) 안에서는 절대 '불결'이 존재할 수 없다."**

"거룩"과 "부정"은 절대 접촉할 수 없는 두 개의 분리된 상태이다. 공존(共存)할 수 없다. 그러므로 하나님의 백성은 거룩하면서 부정할 수 없다. 옛사람이 그리스도 함께 죽어버렸기 때문이다. 우리가 이 육체 가운데 사는 것은 우리를 위하여 죽으신 하나님의 아들을 믿는 믿음 가운데서만 산다. 그러므로 성령의 처음 익은 열매를 받은 우리도 속으로 탄식하며 몸의 구속을 기다린다. 우리를 인하여 피조물도 썩어짐의 종노릇에서 해방되어 하나님의 자녀들이 영광의 자유에 이르기를 고대한다. 그러므로 누구든지 성도라고 하면 서 육신대로 살면 죽는다. 오직 영으로써 육신의 행실을 죽이면 산다. 그리스도인이란 정의(定義)상 성령께서 내주하고 있는 사람이라는 것을 기억할 것이다. 우리가 비록 육체 가운데 살지만 거룩함을 받은 "거룩한 사람" 곧 "성도(聖徒, holy ones, saints)이다.

(2) 교회는 "거룩한 사람들"의 모임이다. 교회는 "그리스도의 몸"이기 때문이다.

"너희는 스스로 깨끗케 하여 거룩할지어다. 나는 너의 하나님 여호와니라"(레 20:7). "너는 여호와 네 하나님의 성민(聖民, holy nation)이라. 네 하나님께서 지상 만민 중에서 너를 자기 기업의 백성으로 택하셨나니"(신 7:6). "너는 너의 하나님 여호와의 성민이라. 여호와께서 지상 만민 중에서 택하여 자기의 기업의 백성을 삼으셨느니라"(신 14:12). 이스라엘 백성이 거룩하지 아니할 때, 그들은 당연히 배척된 것이다. 그들의 아름다운 성전까지도 다 소멸되어 버렸다. 그러므로 제사장들의 거룩은 특별하다. "또 여호와께 가까이하는 제사장들로 그 몸을 성결히 하게 하

라. 나 여호와가 그들을 돌격할까 하노라"(출 19:22). 하나님께서 제사장들을 만나는 "산"도 성별되어야 한다. "산을 거룩하게 하라 하셨은즉 백성이 시내산에 오르지 못하리이다"(출 19:23). 이들이 "성결"치 아니 하면 초래되는 것은 죽음이다. "여호와께서 모세에게 이르시되, 내려가서 백성을 신칙(申飭, warn)하라. 백성이 돌파하고 나 여호와께로 와서 보려고 하다가 많이 죽을까 하노라"(출 19:21).

⑶ 그리스도의 피로 인하여 하나님의 보좌 앞에 담대히 나갈 수 있는 사람은 오직 거룩함 을 받은 하나님의 백성뿐이다.

그리스도의 피로 정결함을 받는다는 것에 대해서 사영리 내용을 듣고 간단히 영접 기도하면 끝나는 것으로 여기는 경향이 있다. 그러나 모세를 통해서 아론 제사장이 하나님께 접근하는 방식은 대단히 정밀하다. 몸을 씻고 여러 종류의 특별한 옷을 입고 흉패를 달고 관을 쓰고 관에 "여호와께 성결"이라는 패를 붙이고 "제물"을 잡아 "피"를 바르고 하나님께 나아갔다. 예수님께서 이 모든 구속 사역을 단번에 이루시고 인간에게 접근의 길이 되신 것이 사실이다. 그러나 그를 믿는다는 것이 마치 어린아이 과자 받아먹는 것같이 생각하는 어리석음을 "예수 믿는 믿음"이라고 착각한 채 "신앙생활" 한다는 것은 불행한 일이다. 그러므로 오늘날 소위 교인들이 생각하는 하나님은 대단히 다른 하나님일 수 있다. 하나님의 거룩성이 돌연히 사라진 것으로 착각하는 것 같다. 그들은 "그리스도 안에서 자유함"이라는 것을 방종에 가까운 모양으로 생각하는 것 같다. 그리스도 안에서의 자유란 말할 필요 없이 죄에서, 혈과 육에서, 세상에서, 자아에서의 자유뿐이다. 그들은 어디에선가 비뚜러진 길로 들어서기 시작하였다. 성경은 거룩하지 아니한 사람을 성도라고 부르지 않는다. 어떤 사람은 고린도 교회의 교인들을 "성도"라고 부른 것에 대해서 무슨 "증거"로 제시할 것인가 한다. "고린도에 있는 하나님의 교회 곧 그리스도 예수 안에서 거룩하여지고 성도라 부르심을 입은 자들"에게 보낸 편지이다. 그러나 바울의 편지는 성도가 거룩하지 않으면서 하나님의 교회도 되고 성도도 되고 그리스도 안에 있을 수도 있다는 것을 말하기 위해서 기록한 것이 아니라 그런 일이 있을 수 없다는 것을 알리기 위해서 기록한 편지이다. "너희는 불의를 행하고 속이는구나 저는 너희 형제로다 ⁹불의한 자가 하나님의 나라를 유업으로 받지 못할 줄을 알지 못하느냐 미혹을 받지 말라 음란하는 자나 우상 숭배하는 자나 간음 하는 자나 탐색하는 자나 동성애자나 ¹⁰ 도적이나 탐람하는 자나 술 취하는 자나 후욕하는 자나 토색하는 자들은 하나님의 나라를 유업으로 받지 못하리라 ¹¹너희 중에 이와 같은 자들이 있더니 주 예수 그리스도의 이름과 우리 <u>하나님의 성령 안에서 씻음과 거룩함과 의롭다 하심을 얻었느니라</u>"(고전 6:8-11).

⑷ **그리스도인이란 "죄의 종"에서 "의의 종이 된 사람"을 뜻한다**(롬 6:18).

인간이란 출생 시부터 자유 해본 적이 없는 피조물이다. 참 자유가 있다. 그것은 오직 주 예수 그리스도의 종 되었을 때뿐이다. "거룩"이란 "씻음을 받았다"는 뜻이고 분리되었다는 뜻이며 성별 되었다는 뜻이다. "따로 나왔다"는 뜻이다. 그러므로 "부정"과 "거룩"은 절대 "같이" 할 수 없고 "함께" 할 수 없고 "사귈" 수 없고 "조화" 될 수 없으며 "상관"할 수 없고 "일치"할 수 없다. 이것이 고후 6:14-18절의 메시지이다(참고, 롬 12:1-2).

"만일 몸이 부정한 자가 여호와께 속한 화목제 희생의 고기를 먹으면 그 사람은 자기 백성 중에서 끊쳐질 것이요 ²¹만일 누구든지 부정한 것 곧 사람의 부정이나 부정한 짐승 이나 부정하고 가증한 아무 물건이든지 만지고 여호와께 속한 화목제 희생의 고기를 먹으면 그 사람도 자기 백성 중에서 끊쳐지리라"(레 7:20-21). "성별(聖別)"의 개념이 사라져 버린 이유는 오늘날 "제물"을 먹는 일이 없기 때문이다. 그러나 문제는 그 제물 먹지 않는 일(예수님의 구속 역사의 완성)과 함께 "성별"의 개념도 없어져 버린 것이다. 그러나 그리스도께서 하신 일은 "거룩케 된 자를 영원히 온전케 하신 것"이다.

"저가 한 제물로 거룩하게 된 자들을 영원히 온전케 하셨느니라"(히 10:14). 우리가 진리를 아는 지식을 받은 후 짐짓 죄를 범한 즉 다시 속죄하는 제사가 없고 오직 무서운 마음으로 심판을 기다리는 것과 대적하는 자를 소멸할 맹렬한 불만 있으리라"(히 10:26-27). 예수님께서는 영생을 위해서 "내 살을 먹고 내 피를 마시는 자는 영생을 가졌고, 마지막 날에 내가 그를 다시 살리리라"고 말씀하신다 (요 6:64).

"거룩"이라는 것은 "절대 죄를 짓지 않는다"는 의미보다는 "죄지을 생각도 않는다"라는 것으로 이해하는 것이 옳을 것이다. "악은 그 모양이라도 보지 않겠다"라고 생각하는 단호성을 의미한다. "거룩"이란 하나님께서 마지막 때에 "분리" 하시기 전(마 13:30, 49), 현재 이 땅에서 하나님께서 "분리해 주신" 삶을 사는 것이다. 성막과 제사장의 모든 절차와 제도는 "하나님 백성의 거룩"에 그 초점이 있다. 성별이다. 곧 "구원"이다. 교회란 그러한 사람들이 모여서 하나님께 예배(제사) 드리는 현장이다.

교회당에 출석하는 자는 많지만 참 예배드리는 자는 많지 않다. 그 이유는: "청함을 받은 자는 많되 택함을 입은 자는 적으니라"는 말씀(마 22:14)이 설명하고 있다. (그러나, 14절의 뜻을 알기 위해서는 1절부터의 내용을 아는 것이 필요하다. "천국"에 관한 예수님의 말씀이다). 아버지께서는 영과 진리로 예배드리는 자들을 찾고 계신다. 그러한 자들을 하나씩, 하나씩, 하나님의 성도 삼으시고 하나님의 제자 삼으시고 있다. "이와 같이 누구든지 자기의 모든 소유를 버리지 아니하는 자는 능히 내 제자가 되지 못하리라"(눅 14:33). "자기의 모든 소유"는 꼭 재물만은 아니다. 사랑하는 가족, 자기 목숨 등이다.

제4장

성막과 절기들

이스라엘의 절기들은 유월절로부터 시작하여 무교절, 초실절, 칠칠절, 나팔절, 대속죄일, 초막절 등이 있다. 모든 절기가 다 메시아 예수님의 인성과 사역의 예표들이다. 그러나 모든 절기를 다 살펴보는 것은 아니다. 유월절, 무교절, 초실절, 칠칠절 (오순절)만을 살펴보고자 한다.

유월절의 의미(출애굽기 12장, 13장)

"파싸크" (유월절)의 의미에 대하서 "The JPS Torah Commentary," "Exodus"에서는 첫째 "측은히 여기다" 두 번째는 "보호한다" 세 번째는 "넘어간다"는 뜻이 있다고 한다. 유대인 주석가들이 "예수님"을 염두에 두고 이 단어의 정의를 설명하고 있을 것 같지는 않다.

그럼에도 불구하고 유대인들이 설명하고 있는 유월절의 의미는 예수님의 성품과 그의 사역을 정확하게 나타내고 있는 것 같다. 그분은 항상 주리는 자들과 병든 자들과 약한 자들을 긍휼이 여기신다. 출애굽기와 레위기에 기록된 유월절의 핵심은 다음과 같다.

I. 유월절은 유대인에게 한 해의 기원(紀元)이 되고 있다.

1. 유월절에 대하여

유월절 절기를 지키는 날로부터 14일 전을 첫해의 첫 째달이 되게 명하셨다. 연력(年曆) 월역(月曆)의 기원(紀元)이 되게 하신 것이다(출 12장). 이것은 인간이 전혀 상상할 수도 없는 하나님의 준비이다. 인류역사를 예수님의 탄생을 중심으로 기원전(紀元前, B. C.)과 기원후(紀元後, A. D.)로 구분해 왔다. 오늘날 많은 사람들이 B. C.(Before Christ) 대신에 B. C. E(Before Common Era) 혹은 A. D.(Anno Domini, in the year of our LORD) 대신에 CE(the Common Era) 등으로 사용하고 있다. 시편 2편 말씀을 상기케 하는 현상들이라 하겠다. 출애굽기 12장 유월절 제정의 기록을 주의 깊게 살펴보면 하나님의 예비에 큰 감동을 받지 않을 수 없다. 유월절에 연관하여, "초태생" "누룩 없는 떡" "종의 집" "대속" "영원한 규례" "이방 사람" 등의 용어들은 모두 다 신약의 예수님 사역과 직접적인 관계를 갖는다. "우리의 유월절 양 예수 그리스도"(고전 5:7) 께서 "누룩 없는" "새로운 세상"의 왕으로 오셨기 때문에 "새기원"(New Epoch)이 되는 것이다. 당연히 "새 언약"의 성취였고, "새 언약"의 "시작"(beginning, 레쉬트)이 된 것이다. "새 나라"를 세우시고 "새 백성"을 탄생케 하셨다(요 1:12-13). 그러므로 "**성경에 기록된** '유월절(Passover)'"을 절대 다른 말(easter)로 번역해서는 안 된다(행 12:4).

2. 초실절에 대하여

하나님께서는 이 사건을 어떻게 예비하셨으며, 예표로 무엇을 제정하셨는가? 절기와 제사 제도로 예표를 만들어 두셨다. 유월절에서 칠칠절까지이다. 레위기 23장 5절에서 17절까지 훨씬 더 자세한 내용이 기록되어 있음을 본다. 이스라엘 백성이 가나안 땅에 들어간 후 지키는 유월절 무교절때에는, 유월절 부터 제 3일 째, 밭의 첫 소산물, "수확의 첫 열매" [("firstfruits" (reshiit)]를 제사장에게 가져온다(레 23:9-10). 이 "레쉬이트"라는 말은 창 1:1절에서도 기록된 말이고, 흔히 사용되는 단어이다. 출 22:29절에서는 "처음 난 아들(first-born)을 하나님께 드리라"는 구절에서는 같은 "초태생"이지만 "베코르"라는 사용하고 있다. 이것이 초실절이다. 이 초실절 예물은, 떡 하나를 반드시 "요제 (흔들어 드리는 제사)"로 드려야 한다.

초실절부터 49일을 세어서 그다음 날 50일째 백성은 "새 소제(식물제)의 제물을, "첫 열매"로 드린다. 이를 초실제, "첫 열매"["firstfruit"(bekurim)] 제사라 하고, 떡 두 개를 요제(흔듦제)로 드린다. 똑 같이 "요제"로 드리며, "초실절"인데 초실절의 히브리어 용어가 다르다. 하나는 "머리(beginning)"이라는 뜻이 있고 (레 23:10), 다른 하나는 "장자들(bekurim)"이라는 뜻이 있다 (레 23:17). 분명하게 "머리 되신 그리스도"와 "몸 된 교회"와의 관계를 예배를 통하여 예비해 두신 것 같다. 그리스도는 "부활의 첫 열매"이고 (행 26:23; 고전 15:20, 23), 그리스도인은 "성령 의 첫 열매"이다(롬 8:23; 고후 5:5; 약 1:18; 계 14:14).

3. 요제(흔듦제)에 대하여

이제, 처음 초실절[("firstfruits"(reshiit)]로부터 49일 후, 50일째 드리는 초실절["firstfruit (bekurim)] 간에는 동일성과 상이점이 있음을 곧 발견하게 된다. 같은 점은 "요제"(wave offering)라는 점이다. "여호와 앞에" 어떻게 "흔들어" 드리는 제사인가? R. K. Harrison은 그의 "레위기" 주석에서, 랍비들의 우두머리 Hertz(Chief Rabbi J. H. Hertz)의 요제 설명을 다음과 같이 인용하고 있다: "제사장은 손을 들어서 제사드리는 사람의 손 밑에 자기의 손을 받치고 먼저 앞뒤로 흔들고 나서 다시 상하로 흔들어 드림으로 천지를 다스리는 대 주재께 예배를 드린 것이다. 만약 헬쯔의 해석이 사실이라면, 요제는 더 깊은 상징적 의미를 갖는다고 볼 수 있겠다. 왜냐하면 요제의 모습은 분명히 십자가의 모형를 상징하고 있기 때문이다. 여기, 레위인들의 희생제사 제도의 핵심 안에는 예수 그리스도의 영원한 대속과 화목 사역에서 성취된 그리스도의 갈보리 죽음에 대한 극적인 예표(豫表)를 상징하고 있기 때문이다"(R. K. 해리슨. p. 82-83).

4. 누룩과 두 개의 떡에 대하여(레 23:17)

그러나 다른 점은 (1) 칠칠절 때에는 누룩을 넣는 떡이다. 이때 "누룩"의 의미는 쉽게 이해할 수 있다. 곧 하나님의 백성 안에 이방인이 들어와 같이 한 백성이 되는 상징이다. "떡 두 개"는 당연히 유대인과 이방인이 훗날 주 예수 그리스도 안에서 하나 되는 것을 상징하는 것이다. 요 10:16. 요 11:52. 갈 3:28-29. 엡 2:11-15.

(2) 두 번째의 다른 점은 "같은 초실절"임에도 불구하고 "유월절, 무교절 다음 날의 초실절"은 그 이름을 "머리"라는 의미의 "레쉬트"라고 명칭하고 있으며, 50일 때 드리는 초실절은 "첫아들"(첫 열매) 의미의 "베쿠림"이라고 표현하고 있는 점이다. 흥미 있는 점은 출 23:16-19절, 맥추절(추수절, Feast of harvest of the first fruits, 신약의 오순절)의 규정에서는 16절에서 첫 열매를 "베쿠리"라고 칭하고, 19절에서는 "처음 익은 것의 첫 것 (The first of the first- fruits)을 표현했을 때는 "레쉬트 베쿠림"으로 함께 사용하고 있다. 이것이 "영원한 규례"이다. 예수님에게도 "첫 열매"라는 말이 적용되고(고전 15:20, 23), 그리스도인들에게도 "첫열매"로 불리우는 것은 자연스런 명칭이다(롬 8:23. cf. 롬 8:29). 신약의 하나님 백성은 그리스도안에 있는 자들을 뜻하기 때문이다.

그리스도는 머리(reshiit)이고 교회는 그의 몸(성령의 첫열매,bekuriim)이라는 의미이다. 이리하여 그리스도와 교회는 "한 몸"이다.

5. 오순절에 대하여

칠칠절, 신약에서 "오순절"이라고 칭하는 절기이다. 행 2:1. 신약의 오순절은 예수님께서 유월절 양으로 대속을 이루시고, 약속하신(눅 24:49; 행 1:8) 성령의 임함으로 모든 구속사역이 완성되어 "그리스도의 몸 된 교회"가 탄생한 놀라운 사건이다. 그러므로 오순절은 흔히 알려진 대로 방언이나 무슨 기사(miracles)들과는 무관한 것이다. 이런 것들은 오히려 사람들의 마음과 눈을 돌려 하나님의 영혼 구속사를 흐리게 하는 결과를 초래한 것이다.

그리고, 예수님께서 "제정"하신 주 만찬은 사실상 그 핵심이 "새 언약"에 있다(눅 22:19-20, 고후 3:6). 그러므로 주 만찬은 반드시 "새 언약의 백성"만이 참여하는 "기념"이지 이를 행함으로 죄를 사함받을 것은 아니다. 로마가톨릭의 "성체성사"(eucharist, mass) 는 사실상 귀신에게 절하는 행위이다.

이러한 사역을 위하여 예수님께서는 " 내가 고난받기 전 너희와 함께 이 유월절 먹기를 원하고 원하였노라"(눅 22:15)라고 말씀하신 것이다. 바울은 "유월절 양"이 바로 "예수 그리스도" 되심을 기술하고 있다(고전 5:7).

제5장

성서적 신약교회: 성서적 교회
의 모습

교회를 묘사하는 표현들이 성경에 적어도 96개의 각기 다른 단어들로 표현되어 있다고 한다. 그중 몇 개를 중심으로 성서적 교회의 정의를 살펴보고자 한다.

I. 교회의 신적 존재

신약 교회의 가장 핵심적 요소는 "교회는 신적 존재"라는 사실이다. 교회는 사람들의 모임이지만, **구원받은 사람들의 모임**이고, **하나님의 말씀을 받은 자들**이기 때문에 "신들"이라는 말로도 표현이 된다(요 10:35 참조). 그러나 이 내용은 "인간의 신이 된다"는 뉴에지 사상과 철저하게 구별되어야 한다.

교회가 신적 존재이기 때문에 "교회가 부패되었다" "교회가 타락하였다" "교회가 세속화되었다"는 등의 표현이나 비판은 성서적으로 타당하지 않다. 교회의 신적 요소는 많은 성경 구절이 증거하고 있지만 첫째는 "교회는 그리스도의 몸"이라는 사실에 있다.

A. 교회는 그리스도의 몸이다.

"교회는 그의 몸이니 만물 안에서 만물을 충만케 하시는 자의 충만이니라"(엡 1:23). "그는 몸인 교회의 머리라. 그가 근본이요 죽은 자들 가운데서 먼저 나신 자니 이는 친히 만물의 으뜸이 되려 하심이요"(골 1:18).

"너희는 그리스도의 몸이요 지체의 각 부분이라"(고전 12:27). 당연히 그리스도는 교회의 머리이다. 그러므로 그리스도와 교회는 한 유기체이다. 부활의 첫 열매되신 예수님을 "첫 열매"라고 했고(고전 15:23), 그리스도인들을 또한 성령의 "첫 열매"로 칭한 것은 당연한 표현이다. 머리와 몸이 일체이기 때문이다. 이제 머리와 몸은 불가분의 일체인데, 몸은 부패했고, 타락했으며, 세속적이며, 배도적인데, 머리는 건전하고 거룩하다는 것은 비논리적이다.

그러므로 몸은 머리가 생각하는 대로 살며, 머리를 따르며, 항상 동행한다. 성경식 언어로 표현하면, '머리가 그러하면 몸도 그러하다'(잠 23:7).

그리스도와 교회는 "하나님의 아들"이라는 점에서도 유사성이 있다.

예수 그리스도는 하나님의 **독생자**이며, 그리스도인들은 중생을 통하여 하나님의 **양자**가 된 아들들이다. **하나님의 아들들**이라는 점에서 유사성이 있다. 당연히 어느 정도의 "하나님의 신성"을 공유하고 있게 된다. 예수님과 교회에 대하여 성경은 이렇게 기록하고 있다:

"[11]거룩하게 하시는 자와, 거룩하게 함을 입은 자들이 다 하나에서 난지라 그러므로 형제라 부르시기를 부끄러워 아니하시고 [12]이르시되 내가 주의 이름을 내 형제들에게 선포하고 내가 주를 교회 중에서 찬송하리라 하셨으며"라고 기록하고 있다(히 2:11-12).

이 말씀은 물론 우리의 몸이 죄 없으신 예수님의 몸과 동일하게 되었다는 뜻은 결코 아니다. 우리가 중생했음에도 불구하고 우리 몸은 구속받아야 할 요소들을 담고 있지만, 동시에 "하나님의 신의 성품이" 우리 안에 처음으로 들어온 것도 사실이다.

그러므로 이제 우리는 하나님과 함께, 그리스도를 통하여, "신적 성품"

을 공유하게 된 것이다. 그리스도께서는 그 몸에 죄성을 가지지 아니하였지만, 그의 몸 된 교회는 여전히 죄성을 가지고 있다. (부활 후에 받게 되는 영체는 이 죄성을 완전히 벗어버리게 될 것이다). 교회는 거룩케 되었으므로 그 거룩을 지켜야 할 싸움이 있다. 그리스도께서는 싸워야 할 싸움의 본을 그의 삶에서, 그리고 그의 말씀에서 보이셨다. 주님께서 우리의 "신적 성품"을 위해서 본을 보이신 삶에 대하여 성경은 기록하기를:

"그리스도는 육체에 계실 때에 자기를 죽음에서 능히 구원하실 이에게 심한 통곡과 눈물로 간구와 소원을 올렸고 그의 경외하심을 인하여 들으심을 얻었느니라"(히 5:7).

그가 육체에 계실 때 "심한 통곡과 눈물로 간구와 소원"을 올린 것은 우리들 곧 하나님의 백성들이 "하나님의 신성"을 지키기 위한 몸부림이며, "성령의 소욕"을 좇아 살기 위하여 싸우는 싸움의 본을 보인 것이다. 그리스도인들은 싸워야할 "선한" 싸움이 있으며, "허공을 치는" 듯한 향방이 없는 싸움이 아니라 하나님께서 우리에게 주신 거룩성을 지키기 위한 성화의 싸움이다.

베드로는 다음과 기록하기를:

죄가 있어 매를 맞고 참으면 무슨 칭찬이 있으리요. 오직 선을 행함으로 고난을 받고 참으면 이는 하나님 앞에 아름다우니라 21이를 위하여 너희가 부르심을 입었으니 **그리스도도 너희를 위하여 고난을 받으사** 너희에게 본을 끼쳐 그 자취를 **따라오게** 하려 하셨느니라"(벧전 2:20-21).

그리스도께서 "고난"을 받으시고, "본"을 보이신 것은, 그리스도께서 자신이 무슨 죄성이 있어서는 결코 아니다. 그리스도와 그의 몸된 교회가 몸으로만 일체가 아니라, 성품에 있어서도 동일하게 "신의 성품"에 참예하게 하려는 뜻이다. 그가 죄 없으신 분인데도, 고난을 받으신 것은, 우리의 받을 고난을 위한 것이다. 비록 우리가 모든 죄를 용서받아 정결함에도 불구하고, 그 정결함을 지키는 데는 여러 가지 고난과 때로는 심한 핍박이 있을 수도 있다. 모든 하나님의 백성은 마땅히 겪게 되는 고난이 있음을 본으로 보이신 것이다. 머리와 몸이 하나이기 때문에 머리의 고난은 몸의 고난이고, 몸의 고난은 머리의 고난이 되는 것이다. **머리되신 그리스도의 신성이 그의 몸된 교회**에 없다고 한다는 것은 어불성설이다. 그러므로 베드로는 다음과 같이 하나님의 뜻을 전하고 있다. "이로써 그 보배롭고 지극히 큰 약속을 우리에게 주사 이 약속으로 말미암아 너희로 정욕을 인하여 세상에서 썩어질 것을 피하여 신의 성품에 참예하는 자가 되게 하려 하셨다"(벧후 1:4).

성도들의 싸움 중 하나는 "정욕을 인하여 세상에서 썩어질 것을 피하여 신의 성품에 참여"한 것을 지키고 유지하는 싸움이다. 모든 성도들에게는 이 싸움이 있다.

B. 교회는 그리스도의 신부라는 점에서 신성을 가지고 있다.

바울은 호세아 선지자를 통해서 이스라엘 백성을 향하여 하신 여호와 하나님의 말씀과 동일한 정신의 말씀을 교회에 적용하고 있다. 곧 하나님의 백성을 "신부"라는 말로 표현하는 것이다.

"내가 하나님의 열심으로 너희를 위하여 열심 내노니 내가 너희를 정결한 처녀로 한 남편인 그리스도께 드리려고 중매함이로다"(고후 11:2).

바울은 교회를 그리스도의 아내로 표현한 가장 분명한 구절에서 그 사실을 다음과 같이 기술하고 있다.

"이러므로 사람이 부모를 떠나 그 아내와 합하여 그 둘이 한 육체가 될지니³² 이 비밀이 크도다. 내가 <u>그리스도와 교회에 대하여</u> 말하노라"(엡 5:31-32).

교회와 그리스도와의 관계에 존재하는 "정절과 성결"에 대해서 성경은 이렇게 표현하고 있다:

"²⁶이는 곧 물로 씻어 말씀으로 깨끗하게 하사 거룩하게 하시고 ²⁷자기 앞에 영광스러운 <u>교회로 세우사 티나 주름잡힌 것이나 이런 것들이 없이 거룩하고 흠이 없게 하려 하심</u>이니라"(엡 5:26-27).

호세아의 시대에 여호와 하나님의 아내로 취급을 받은 이스라엘이 "음행"을 행한 것은 역사적 사실이고, 가능한 일이었다.

그러나 그리스도의 신부가 "음행"을 행한다는 것, 곧 "배도, 부패, 세속화"된다는 것은 가능하지 않다. "음행"하는 자들은 하나님의 나라를 유업으로 받을 수 없기 때문이다.

전에 알지 못하고 행하는 때가 있었고 [알지 못하던 시대에는 하나님이 허물치 아니하셨거니와 이제는 어디든지 사람을 다 명하사 회개하라 하셨으니(행 17:30)] "묵인"하시는 때도 있었다(행 14:16)

어떠한 종류이던지 간에 음행을 범한 자들은 "회개"해야한다. "거룩함과 화평함"이 없이는 (사람과의 관계이던지, 주 예수 그리스도와의 관계이던지 간에) 아무도 주의 얼굴을 뵐 수 없다"고 성경은 밝히고 있다(히 12:14).

"화평"이라는 말 (샬렘)의 원래 의미는 "완전, 자유, 무흠(無欠), 하나님께 헌신, 대가를 지불함, 끝, 평화, 온전(穩全)함(make whole) 등의 뜻을 가지고 있다.

그리스도의 사역에 대해서 히브리서 기록자의 말은 분명하게 교회의 모습을 보이고 있다.

"염소와 황소의 피와 및 암송아지의 재로 부정한 자에게 뿌려 그 육체를 정결케 하여 거룩케 하거든 14 하물며 영원하신 성령으로 말미암아 흠 없는 자기를 하나님께 드린 그리스도의 피가 어찌 너희 양심으로 죽은 행실에서 깨끗하게 하고 살아계신 하나님을 섬기게 못하겠느뇨"(히 9:13-14).

교회가 그리스도의 신부라는 것은 말할 필요 없이 정결한 처녀라는 뜻이다.

"이 사람들은 여자로 더불어 더럽히지 아니하고 정절이 있는 자라. 어린 양이 어디로 인도하든지 따라가는 자며 사람 가운데서 구속을 받아 **처음 익은 열매**로 하나님과 어린 양에게 속한 자들이니"(계 14:4).

"더렵혀지지 않은 처녀라"고 번역되어야할 것이다. 헬라어 성경에 "처녀"라는 단어로 분명 하게 정결한 자들의 신분을 나타내고 있다. 이 말씀 안에 교회가 부패하고 타락할 수 있다는 흔적을 발견할 수 있다면, 엄청난 견강부회(牽强附會)의 노력 없이는 불가능한 일이다. 교회는 그리스도의 신부, 곧 정결한 처녀라는 점에서 신적 성품을 가지고 있다.

그리스도인이라고 하는 사람이 음행을 행하고, "털어서 먼지 나지 않을 사람이 누가 있는가?"라고 하면서 계속 교회 사역을 하고있다면, 이런 사람은 성서적 그리스도인과는 무관한 사람들이다.

C. 하나님께서 교회를 거룩하게 예정하셨으며, 교회는 거룩케 된 무리라는 사실에서 교회의 신성을 확인할 수 있다.

하나님께서는 창세전부터 교회의 거룩성을 계획하신 것이다.

"⁴곧 창세전에 그리스도 안에서 우리를 **택하사**(eksleksato)우리로 사랑 안에서 그 앞에 **거룩하고 흠이 없게 하시려고** ⁵그 기쁘신 뜻대로 우리를 <u>예정</u>하사 예수 그리스도로 말미암아 자기의 아들들이 되게 하셨으니라"(엡 1:4-5). "택하다"(ek-legomai, ἐκλέγομαι)라는 말은 요 15:19절에 이렇게 사용되고 있다. "너희가 세상에 속하였으면 세상이 자기의 것을 사랑할 터이나 너희는 세상에 속한 자가 아니요 도리어 세상에서 나의 **택함**을 입은 자인고로 세상이 너희를 미워하느니라."

"세상에서 나의 **택함**을 입은 자"라는 말은 "세상에서 내가 택하여 내어 옮겼다"는 뜻이다. 대부분의 영어성경은 이 내용을 "I have chosen out of the world." 혹은 "taken out of the world." 혹은 "picked out of the world"등으로 번역하고 있다. "세상에서 택하여 <u>내어버렸으므로</u>" 이 "세상"에 없다는 뜻이다. 어디에 있는가? "그리스도의 몸 안"으로 옮겨졌다. 혹은 세상 나라에서 "하나님의 나라" 안으로 옮겨져 있다. "하나님의 나라" 안에 있는 가라지와는 완전히 분리된 사람들이다(마 13:25, 38). 성별(聖別)된 하나님의 백성들이다.

"거룩하게 하시는 자와, 거룩하게 함을 입은 자들이 다 하나에서 난지라 그러므로 형제라 부르시기를 부끄러워 아니하시고 ^{12} 이르시되 내가 주의 이름을 내 형제들에게 선포하고 내가 주를 교회 중에서 찬송하리라 하셨으며" 라고 기록하고 있다(히 2:11-12).

하나님께서는 교회를 "거룩한 하나님의 백성"으로 예정하셨을 뿐 아니라, 실제로 거룩하게 하셨다. 이렇게 거룩하게 된 무리를 "성도(聖徒)"라고 부르신 것이다. "거룩하게" 되지 않았는데도 "성도"라고 부른다면, 누군가는 거짓말 하는 자가된다. 그러므로 이렇게 거룩하게 된 무리들에게만 영생의 기업을 유업으로 얻게하신 것이다. 사도 바울은 자신의 부름에 대하여 이를 확실하게 증언하고 있다.

"네가 나를 본 일과 장차 내가 네게 나타날 일에 너로 사환과 증인을 삼으려 함이니 ^{17}이스라엘과 이방인들에게서 내가 너를 구원하여 저희에게 보내어 ^{18}그 눈을 뜨게 하여 어두움에서 빛으로, 사단의 권세에서 하나님께로 돌아가게 하고, 죄 사함과 **나를 믿어 거룩케 된 무리 가운데서** 기업을 얻게 하리라 하더이다"(행 26:16b-18). 바울은 예수님께서 친히 하신 말씀을 인용하고 있다.

"하나님이 우리를 **부르심**은 부정케 하심이 아니요 **거룩케 하심**이니 8 그러므로 저버리는 자는 사람을 저버림이 아니요 너희에게 그의 성령을 주신 하나님을 저버림이니라"(살전 4:7-8).

"저버린다"는 말은 "계명을 버린다 (혹은 무효로 만든다)"는 뜻이 있고(막 7:9), "폐한다" 는 뜻도 있으며(고전 1:19), 하나님 아버지를 "부인한다"는 뜻도 있다(눅 10:16). 구원을 받았을 때 함께 받은, "거룩함"을 저버린다는 것은 결코 가능하지 않다. 어떠한 사람에게 거룩함이 버려졌다는 것은 그 사람은 처음부터 구원받은 사실이 없다는 뜻이다. 왜냐하면 하나님께서 주신 것을 사람이 버릴 수 없기 때문이다. 물론 구약 시대 이스라엘 백성 중에는 하나님께서 주신 은혜를 버린 무수한 사람들이 있었다 (예를 들면: 사울왕, 솔로몬 왕, 여로보암 왕 등). 그러나 신약 성도들에게는 "거룩함을 버렸다"는 것은 "그리스도의 피를 무효하게" 한다는 뜻이기 때문에 이러한 일은 불가능한 일이다(히12:14).

이는 그리스도의 피의 대속 사역을 무너뜨리는 것이며, 실상은 신구약 성경 전체를 무효로 만들어 버린 것이다. 왜냐하면, 예수님께서는 하나님께서 오래 전부터 예정해 두신 "유월절 어린양"으로 세상에 오셨으며(요 1:36; 고전 5:7), 전 인류의 구속 사역을 예정대로 이루시었는데 창세전부터 계획해 두신 성도들의 거룩케하심이 계획대로 이루어지지 않았다는 것은 성경 전체의 무효선언이나 다름없기 때문이다.

중생한 사람에게 "거룩함"이 부재(不在)할 수 없는 이유는 여기에 있다.

"⁹불의한 자가 하나님의 나라를 유업으로 받지 못할 줄을 알지 못하느냐 미혹을 받지 말라. 음란하는 자나, 우상숭배하는 자나, 간음하는 자나, 탐색하는 자나, 남색하는 자나, ¹⁰도적이나, 탐람하는 자나, 술취하는 자나, 후욕하는 자나, 토색하는 자들은 하나님의 나라를 유업으로 받지 못하리라 ¹¹너희 중에 이와 같은 자들이 있더니 주 예수 그리스도의 이름과 우리 하나님의 성령 안에서 씻음과 거룩함과 의롭다 하심을 얻었느니라"(고전 6:9-11).

"의롭다함"은 "거룩함"과 함께 주어진 것이다. 곧 칭의(稱義)는 "성화"와 함께 주어진 것이다. 다른 점은 "의롭다함"은 받는 순간 과거에 속한 것이 되고, "성화"는 세상 떠나는 날 까지 계속되고 성장해가는 과정에 속한 것이다. 성화가 없다면, 처음부터 칭의는 받은 적이 없다. 반면에, 의롭다함을 받았으면, 필연코 성화가 뒤따르기 마련이다. 성화 없는 칭의는 존재하지 않는다. 이는 성령께서 하시는 일이기 때문이다.

이 사실에 대하여 바울은 다음과 같이 증언하고 있다:

"⁴우리 생명이신 그리스도께서 나타나실 그 때에 너희도 그와 함께 영광 중에 나타나리라 ⁵그러므로 땅에 있는 지체를 죽이라 곧 음란과 부정과 사욕과 악한 정욕과 탐심이니 탐심은 우상숭배니라 ⁶이것들을 인하여 하나님의 진노가 임하느니라 ⁷너희도 전에 그 가운데 살 때에는 그 가운데서 행하였으나 ⁸이제는 너희가 이 모든 것을 벗어버리라 곧 분과 악의와 훼방과 너희 입의 부끄러운 말이라 ⁹너희가 서로 거짓말을 말라 옛사람과 그 행위를 벗어버리고[벗어 버렸고] ¹⁰새 사람을 입었으니 이는 자기를 창조하신 자의 형상을 좇아 지식에까지 새롭게 하심을 받는 자니라" (골 3:4-10).

교회란 "옛 사람과 그 행위를 벗어버렸고, 새 사람을 입은 사람들"이다. 로마서의 표현으로는 "⁶ 우리가 알거니와 우리 옛 사람이 예수와 함께 십자가에 못 박힌 것은 죄의 몸이 멸하여 다시는 우리가 죄에게 종노릇 하지 아니하려 함이니 ⁷ 이는 죽은 자가 죄에서 벗어나 의롭다 하심을 얻었음이니라"(롬 6:6-7).

그러나 "거룩함"이 중생한 순간 온전함에 도달하는 것은 결코 아니다. "온전함"이 분명한 목표이다. 예수님의 말씀 "그러므로 하늘에 계신 너희 아버지의 온전하심과 같이 너희도 온전하라"(마 5:48)는 말씀이 공허한 제안(提案)에 불과한 것이라면, 다른 말씀도 우리는 그저 도덕적 삶을 위한 제안에 불과한 것으로 볼 수 있을 것이다.

교회의 거룩성은 성경 전체에서, 신구약 성경 전체에 걸쳐, 그 주제가 된다. 왜냐하면, 그리스도께서는 죄인의 죄를 용서하시고 정결케 하시고, 그 이후 그들의 뜻대로 세상에서 살게 방치해 두신 것이 아니기 때문이다. 하나님께서는 그들을 하나님의 선한 일을 위하여 하나님의 친 백성이 되게 하셨다.

그리스도의 대속을 믿는 자들을 자녀 삼으신 것이다. 그러나 그냥 자녀 삼으신 것은 아니다. "자녀가 되는 권세"를 주신 것이다. 말할 필요도 없이 하나님께서 "거룩케"하신 거룩을 지키도록 권세를 주셨고, "선한 일을 행하도록 부르신" 선행을 하도록 권세를 주신 것이다.

이 권세는 세상영광을 추구하는 권세가 아니라, 하나님의 자녀답게 살게하는 능력이다. 세상을 이기는 능력이고, 마귀와 싸워 이기는 권세를 뜻한다. 육신대로 살지 않게 하는 권세이다. "우리 주 예수 그리스도로 말미암아 우리에게 이김을 주시는 하나님께 감사하노라"(고전 15:57). 이기는 능력을 뜻한다. 우리가 아무리 여러번 넘어지고 실패해도 낙심치말고, 일어나고 또 일어나서그리스도인의 행군을 계속해야한다. "죽도록 충성하라"는 것이 예수님의 말씀이다(계 2:10).

만약 하나님께서 당신의 백성을 거룩하게 성별하실 창세전의 계획이 온전히 이루어지지 않았다면, 우리는 창세전에 계획된 그리스도의 구속의 완성을 어떻게 믿을 수 있을 것인가? 우리는 성경 말씀에서 하나님의 백성들을 향한 거룩함의 요구와, 그 성취된 내용을 확인할 필요가 있다. 교회의 거룩성이 확정되면 교회의 타락과 부패는 분명히 비성서적 사실이라는 것이 입증될 것이다.

베드로는 교회의 거룩성에 대해서 하나님의 뜻을 다음과 같이 기록하고 있다.

"¹⁴너희가 순종하는 자식처럼 이전 알지 못할 때에 좇던 너희 사욕을 본 삼지 말고 ¹⁵오직 너희를 부르신 거룩한 자처럼 너희도 모든 행실에 거룩한 자가 되라 ¹⁶기록하였으되 내가 거룩하니 너희도 거룩할찌어다 하셨느니라"(벧전 1:14-16).

사도가 "기록되었으되"라고 말하고 있음으로 이는 구약성경에 "기록되어"있다는 것이다. 이는 또한 교회의 거룩은 하나님의 영원한 예정이라는 의미도 된다. 모세에게 주신 말씀에 "기록"되어 있다. "⁴⁴나는 여호와 너희 하나님이라 내가 거룩하니 너희도 몸을 구별하여 거룩하게 하고 땅에 기는 바 기어 다니는 것으로 인하여 스스로 더럽히지 말라 ⁴⁵나는 너희의 하나님이 되려고 너희를 애굽 땅에서 인도하여 낸 여호와라. 내가 거룩하니 너희도 거룩할지어다"(레 11:44-45).

"너는 이스라엘 자손의 온 회중에게 고하여 이르라 너희는 거룩하라. 나 여호와 너희 하나님이 거룩함이니라"(레 19:2). "너희는 스스로 깨끗케 하여 거룩할지어다. 나는 너희 하나님 여호와니라"(레 20:7).

그러나 이상의 하나님의 뜻이 이스라엘 백성에게는 이루어지지 않았다. 그러나 또 한 편, 하나님의 말씀이 성취되지 않고 무익하고 허무하게 폐지되어버린 것은 아니다. 레위기의 말씀은 신약 교회에 성취되었다. 베드로는 그의 서신에서 다음과 같이 이 성취를 기록하고 있다.

"⁹오직 너희는 택하신 족속이요 왕같은 제사장들이요 거룩한 나라요 그의 소유된 백성이니 이는 너희를 어두운데서 불러내어 그의 기이한 빛에 들어가 게 하신 자의 아름다운 덕을 선전하게 하려 하심이라"(벧전 2:9)

교회가 명심해야할 중요한 사항은 예수 그리스도의 구속 사역은 죄인을 용서하시고 죽으면 하늘나라로 데려가는데 중점이 있는 것이 아니라는 사실이다. 이 땅에서 교회가 "그리스도의 몸"으로 세상 가운데 사는 거룩한 삶에도 있다는 사실이다. 이를 위해서 하나님께서는 그의 자녀들에게 성령을 주셔서 내주케하신 것이다. 성령께서 말할 수 없는 탄식으로 우리의 연약을 도우신다. 그러므로 우리가 넉넉히 이기는 것이다. 로마서 8 장에서 우리가 넉넉히 이기는 범위를 보자(롬 8:31-39).

다음 구절은 특별히 중요한 의미를 갖는다. 왜냐하면 천하 만민 중에서 특별히 선택된 이스라엘 백성 중에서, 또 택함을 받은 아론과 그의 두 아들들이, 애굽의 종신분에서 해방되어 이스라엘백성의 최초의 제사장으로 장립을 받기 위하여, 8일간 준비하고, 최초로 장립 예배를 규례에 따라 드리는 중에 여호와의 불이 하늘에서 내려 나답과 아비후를 태워 죽인 사건을 기록한 내용이기 때문이다. 그들은 **다른 불**을 드림으로 하나님께서 구별한 성별(聖別)을 무시했기 때문에 불에 태워 죽임을 당한 것이다.

"³모세가 아론에게 이르되 이는 여호와의 말씀이라 이르시기를 나는 나를 가까이 하는 자 중에 내가 거룩하다 함을 얻겠고 온 백성 앞에 내가 영광을 얻으리라 하셨느니라. 아론이 잠잠니…"(레 10:3).

이 **다른 불**은 신약 교회에 있어서 "**다른 복음**"(갈 1:8-9), 혹은 "**다른 예수**"(고후 11:4) 와 같은 것이다. 성별(聖別)하지 않았다는 뜻이다. 정결(淨潔 貞潔, pure)

과 불결(不潔, profane)이 혼합된 것이다. 하나님 나라에 합당치 않다.

교회 안에 배도적 메시지가 횡행하고, 총회장 당선을 위해서 금전의 수수가 있으며, 도덕적으로 문란한 행위를 한 자가 "누가 누구를 비판할 수 있단 말인가" 혹은 "털어서 먼지나지 않을 자가 어디 있느냐"는 등의 말을 하며 소위 "주"의 사역을 계속하는 자들이 "그리스도의 교회" 안에서는 있을 수 없다. **다른 예수** 전하는 자들이다. 하나님께서는 그리스도의 몸된 교회에 절대로 "나답과 아비후들"을 용납지 않으신다는 것을 선언하시는 내용이 곧 레위기 10장의 말씀이다. 그리스도께서는 그의 구속사역으로 성도들의 거룩을 완전케 하신 것이다(행 26:18).

"¹²오직 그리스도는 죄를 위하여 한 영원한 제사를 드리시고 하나님 우편에 앉으사 ¹³그 후에 자기 원수들로 자기 발등상이 되게 하실 때까지 기다리시 나니 ¹⁴저가 **한 제물로 거룩하게 된 자들을 영원히 온전케** 하셨느니라"(히 10:14). "이것을 사하셨은 즉 다시 죄를 위하여 제사 드릴 것이 없느니라"(히 10:18)

예수님께서 단 한번의 제사로 죄인들을 영원히 거룩케하셨고 영원히 온전케하셨다. 우리가 눈에 보이는 교회들이 비록 거룩하지 않고 온전치 아니하게 보일지라도 하나님께서는 당신의 백성을 영원히 거룩케하셨고, 온전케 하셨다. 하나님의 백성은 이 거룩케하시고, 온전케하신 하나님의 목표를 향해서 걸어가는 길 외에 다른 길을 걸어가지 아니한 사람들이다. 이땅에서 거룩함이나 온전히 완성되었다는 것은 아니다. 그것이 목표라는 것이다. 그러나 이 말은 교회가 거룩하지도 않고 온전하지도 않아도 교회는 교회라고 주장하는 것과는 전혀 다르다. 이 내용은 조금 후에 다루게 될 것이다.

교회의 거룩은 "선한 삶"에 그 실체를 입증한다.

교회는 선한 일을 위하여 지음을 받았기 때문이다.

"¹⁴그가 우리를 대신하여 자신을 주심은 모든 불법에서 우리를 구속하시고 우리를 깨끗하게 하사 선한 일에 열심하는 친 백성이 되게 하려 하심이니라"(딛 2:14).

"⁸너희가 그 은혜를 인하여 믿음으로 말미암아 구원을 얻었나니 이것이 너희 에게서 난 것이 아니요 하나님의 선물이라 ⁹행위에서 난 것이 아니니 이는 누구든지 자랑치 못하게 함이니라 ¹⁰우리는 그의 만드신 바라. 그리스도 예 수 안에서 선한 일을 위하여 지으심을 받은 자니 이 일은 하나님이 전에 예 비하사 우리로 그 가운데서 행하게 하려 하심이니라"(엡 2:8-10).

D. "그리스도인(人)의 몸이 성별 되었다"는 점에서 교회의 신성이 입증된다.

"그러므로 형제들아 내가 하나님의 모든 자비하심으로 너희를 권하노니 너희 몸을 하나님이 기뻐하시는 거룩한 산 제사로 드리라 이는 너희의 드릴 영적 예배니라"(롬 12:1).

우리가 영적 싸움을 싸워야할 이유는 우리의 영은 구속을 받았지만 육신은 아직 구속을 받지 않았기 때문이다(롬 8:23). 그러나 중생한 자들은 육신에게 져서 육신대로 살지는 않는다. 왜냐하면, 육신대로 살면 반드시 죽기 때문이다. "불의한 자가 하나님의 나라를 유업으로 받을 수 없다"(고전 6:9). 그러나 그리스도인들의 "몸"은 쓸 곳이 성별되어있다: "사나 죽으나 <u>내 몸에서 그리스도를 존귀하게</u> 하는 일"(빌 1:20)과, "하나님께 영광을" 돌리는 일이다. "너희 몸은 너희가 하나님께로부터 받은바 너희 가운데 계신 성령의 전인 줄을 알지 못하느냐. 너희는 너희의 것이 아니라 [20]값으로 산 것이 되었으니 그런즉 **너희 몸으로 하나님께 영광을 돌리라**"(고전 6:19-20). (고전 6:16-17)

그리스도인들, 곧 교회는 그 몸을 하나님께 산제사(living sacrifice)로 바쳐버린 사람들이다.

"[1]그러므로 형제들아 내가 하나님의 모든 자비하심으로 너희를 권하노니 너희 몸을 하나님이 기뻐하시는 거룩한 산제사로 드리라. 이는 너희의 드릴 영적 예배니라 [2]너희는 이 세대를 본받지 말고 오직 마음을 새롭게 함으로 변화를 받아 하나님의 선하시고 기뻐하시고 온전하신 뜻이 무엇인지 분별하도록 하라"(롬 12:1-2). 이와 같이 교회는 신의 성품에 참예한 자들이다(벤후 1:4).

E. 그리스도와 교회가, 둘 다, "첫 열매"라는 신분의 표현에서 교회의 신적 성격이 증거된다.

그리스도를 묘사하는 수많은 단어들 중에는 "첫 열매" 혹은 "뿌리"라는 말도 있다. 계 5:5; 22:16. 바울은 로마서 11:16절에서 아브라함과 이스라엘 관계를 다음과 같이 표현하고 있다. "제사하는 처음 익은 곡식 가루가 거룩한즉 떡덩이도 그러하고 뿌리가 거룩한즉 가지도 그러하니라." **첫 열매**의 가루와 **떡덩이**가 같은 일체이며, **뿌리**와 **가지**가 한 나무인 것을 나타내고 있다. 그리스도와 그의 몸된 교회가 영적으로 동질성을 갖고 있다는 사실을 입증하고 있다. 뿌리가 거룩한즉 가지도 그러하다. 신적 성품을 가진 교회가 그 성결의 유지를 위해서 필사의 노력을 하는 것은 당연할 뿐 아니라, 필요한 일이다. 그러나 신적 성품을 가진 교회가 타락하고 부패하고 세속화 되었다는 것은 비성서적이다. 가시적 교회 (조직이나 건물) 안에 불신자들이 있다는 것은 전혀 다른 문제이다. 교회는 "신의 성품"에 참예한 자들의 모임이다. "신약성경에서 '교회'는 언제나 믿는 사람들의 모임을 지칭한다. 그들의 모이는 장소를 지칭한 예는 없다."(Curtis Vaughan, Colossians and Philemon, p. 117).

그렇다면, 교회의 현재 위치는 어디인가?

F. 교회가 현재 있는 곳으로 보아서 교회의 신적 성품이 증거된다.

이미 전술한 바와 같이 하나님께서는 죄인들의 죄를 씻으시고, 정결케 한 후, 새 생명을 주시고, 성령을 주시고, 그 후 이 땅에서는 우리 뜻대로 살게 내 버려두시지는 않는다. 그들을, 영적으로, 하늘나라로 옮겨버리신 것이다. 그러므로 교회의 영적 현주소는 "하늘"이다.

"[1]너희의 허물과 죄로 죽었던 (너희를 살리셨도다) [2]그 때에 너희가 그 가운데서 행하여 이 세상 풍속을 좇고 공중의 권세 잡은 자를 따랐으니 곧 지금 불순종의 아들들 가운데서 역사하는 영이라 [3]전에는 우리도 다 그 가운데서 우리 육체의 욕심을 따라 지내며 육체와 마음의 원하는 것을 하여 다른 이들 과 같이 본질상 진노의 자녀이었더니 [4]긍휼에 풍성하신 하나님이 우리를 사랑하신 그 큰 사랑을 인하여 [5]허물로 죽은 우리를 그리스도 예수와 함께 살리셨고 (너희가 은혜로 구원을 얻은 것이라) **⁶또 함께 일으키사 그리스도 예수 안에서 함께 하늘에 앉히셨다**"(엡 2:1-6; 골 3:1-3).

하늘에 앉히셨다. 하나님의 보좌 옆에, 그리스도와 함께. 이 내용은 하나님의 말씀이기 때문에 사실이다. 이 사실에 근거하면, 교회는 지금 "하나님의 보좌 옆, 그리스도와 함께 하늘에" 존재하고 있다. 물론 영적이며, 불가시적 교회를 뜻한다. 거룩하고 정결하고 흠이 없는 존재이다. 그러나 지상의 교회는 점이 있고, 부패하고, 타락할 수 있다고 하면 절대 안된다. 지상에서 부패하고 타락한 교회는 절대 그리스도의 몸된 교회는 아니다.

그러나 지상에서 거룩을 향해서 몸부림하며, 세상의 가치와 싸우며, 육신의 정욕을 극복하며, 전심을 다해 주 예수 그리스도만 섬기는 교회가 있다. 이들 만이 그리스도의 신부된 교회이다.

가시적인 모든 교회가 다 성서적 교회는 결코 아니다. 우리는 세상 영을 받지 아니하고 오직 하나님께로 온 영을 받은 사람들이다.

"우리가 세상의 영을 받지 아니하고 오직 하나님께로 온 영을 받았으니 이는 우리로 하여금 하나님께서 우리에게 **은혜로 주신 것들을** 알게 하려 하심이 라"(고전 2:12).

교회가 거룩하지 않아도 교회가 될 수 있다고 주장하는 것은 마땅히 알아야할 하나님의 은혜를 알지 못한 탓인 것이다. 교회는 그 탄생의 순간 세상에서 옮겨버린 사람들이다. 예수님께서 그렇게 하셨다.

"너희가 세상에 속하였으면 세상이 자기의 것을 사랑할 터이나 너희는 세상에 속한 자가 아니요 도리어 **세상에서 나의 택함을 입은** 자인고로 세상이 너 희를 미워하느니라"(요 15:19).

"옮기워 버린 것"(chosen out of the world)이다. "나의 택함을 받아 옮기워 버린 자인고로 세상이 너희를 미워한다." (참고: 골 1:13)

G. 엡 3:10 절 말씀: "이는 이제 교회로 말미암아 하늘에서 정사와 권세들에게 하나님의 각종 지혜를 알게 하려 하심이니라"는 말씀에서 교회의 신성을 확인할 수 있다.

교회가 "하늘에 있는" 정사와 권세들에게 하나님의 각종 지혜를 알게하는 일을 하고 있다면, 교회는 "신적존재"이며, 더 이상 다른 설명이 필요 없다. 교회가 땅에 있는 사람들에게 "하나님의 각종 지혜를 알게한다"면 이는 당연하고 이상할 것이 조금도 없다. 그러나 교회가 "하늘에 있는" 존재들에게 하나님의 지혜를 알게한다면, 교회는 절대 부패하고, 타락하고, 세속적이고, 배도적인 존재가 될 수 없다.

이 내용은 교회의 신적 신분을 결정적으로 입증한다.

교회가 거룩하지 않고 정결하지 않아도 구원받은 교회인지 다음 구절들을 살펴 보자.

"너희의 자랑하는 것이 옳지 아니하도다. 적은 누룩이 온 덩어리에 퍼지는 것을 알지 못하느냐 너희는 누룩 없는 자인데 새 덩어리가 되기 위하여 묵은 누룩을 내어버리라 우리의 유월절 양 곧 그리스도께서 희생이 되셨느니라 이러므로 우리가 명절을 지키되 묵은 누룩도 말고 괴악하고 악독한 누룩도 말고 오직 순전함과 진실함의 누룩 없는 떡으로 하자. 내가 너희에게 쓴 것에 음행하는 자들을 사귀지 말라 하였거니와, 이 말은 이 세상의 음행하는 자들이나 탐하는 자들과 토색하는 자들이나 우상 숭배하는 자들을 도무지 사귀지 말라 하는 것이 아니니, 만일 그리 하려면 세상 밖으로 나가야 할것이라. 이제 내가 너희에게 쓴 것은 만일 어떤 형제라 일컫는 자가 음행하거나 탐람하거나 우상 숭배를 하거나 후욕하거나 술 취하거나 토색하거든 사귀지도 말고 그런 자와는 함께 먹지도 말라 함이라. 외인들을 판단하는데 내게 무슨 상관이 있으리요마는, **교중 사람들이야** 너희가 판단치 아니하랴. 외인들은 하나님이 판단하시려니와 **이 악한 사람은 너희 중에서 내어 쫓으라**"(고전 5:6-13).

"불의한 자가 하나님의 나라를 유업으로 받지 못할 줄을 알지 못하느냐 미혹을 받지말라. 음란하는 자나, 우상숭배 하는 자나, 간음하는 자나, 탐색하는 자나, 남색하는 자나, 도적이나, 탐람하는 자나, 술 취하는 자나, 후욕하는 자나, 토색하는 자들은 하나님의 나라를 유업으로 받지 못하리라. **너희 중에 이와 같은 자들이 있더니** 주 예수 그리스도의 이름과 우리 하나님의 성령 안에서 **씻음과 거룩함과 의롭다 하심을 얻었느니라**"(고전 6:9-11). (교회 안에 이러한 자들이 아직도 있다는 말인가 아니면, 있을 수 없다는 것인가?)

"육체의 일은 현저하니 곧 음행과 더러운 것과 호색과 우상 숭배와 술수와 원수를 맺는 것과 분쟁과 시기와 분냄과 당 짓는 것과 분리함과 이단과 투기와 술 취함과 방탕함과 또 그와 같은 것들이라. 전에 너희에게 경계한 것 같이 경계하노니 이런 일을 하는 자들은 **하나님의 나라를 유업으로 받지 못할 것이요**, 오직 성령의 열매는 사랑과 희락과 화평과 오래 참음과 자비와 양선과 충성과 온유와 절제니 이같은 것을 **금지할 법이 없느니라**. 그리스도 예수의 사람들은 육체와 함께 그 정과 욕심을 십자가에 못 박았느니라"(갈 5:19-24).

"음행과 온갖 더러운 것과 탐욕은 너희 중에서 그 이름이라도 부르지 말라. 이는 성도의 마땅한 바니라. 누추함과 어리석은 말이나 희롱의 말이 마땅치 아니하니 돌이켜 감사하는 말을 하라. 너희도 이것을 정녕히 알거니와 음행하는 자나, 더러운 자나, 탐하는 자, 곧 우상 숭배자는 다, 그리스도와 하나님 나라에서 기업을 얻지 못하리니, 누구든지 헛된 말로 너희를 속이지 못하게 하라. 이를 인하여 하나님의 진노가 불순종의 아들들에게 임하나니 그러므로 **저희와 함께 참예하는 자가 되지 말라.** 너희가 **전에는** 어두움이더니 **이제는 주 안에서 빛이라.** 빛의 자녀들처럼 행하라. 빛의 열매는 모든 착함과 의로움과 진실함에 있느니라. 주께 기쁘시게 할 것이 무엇인가 시험하여 보라. 너희는 열매 없는 어두움의 일에 **참예하지 말고 도리어 책망**하라"(엡 5:3-11).

교회 안에 죄악이 상존(常存) 한다는 것은 하나님 말씀 전체를 무효화 한다.

"너희가 하나님의 성전인 것과 하나님의 성령이 너희 안에 거하시는 것을 알지 못하느뇨 누구든지 하나님의 성전을 더럽히면 하나님이 그 사람을 멸하시리라. 하나님의 성전은 거룩하니 너희도 그러하니라. 아무도 자기를 속이지 말라. 너희 중에 누구든지 이 세상에서 지혜 있는 줄로 생각하거든 미련한 자가 되어라. 그리하여야 지혜로운 자가 되리라"(고전 3:16-18).

이와 같이 분명한 말씀에도 불구하고 어떤 사람은 "아, 그 말씀은 '하늘에 올라간 이후의 교회'를 뜻하는 것이지 '지상 교회'를 뜻하는 것이 아니다"

라고 주장할는지도 모른다. "자기를 스스로 속이는 자"라고 밖에는 볼 길이 없다.

다음 내용은 "1985 년 The NIV Study Bible" 의 고린도 전서 3장 16절 본문 주석이다.

"하나님의 성전은 하나님의 교회이다. 바울은 그의 독자들 한 사람, 한 사람이, 성령의 전이라는 뜻이 아니다. 각 그리스도인이 하나님의 성전이라는 말씀은 고린도 전서 6장19절에 언급되고 있다." 그러므로 논리적 결론은, 바울이 <u>고린도 교회</u>를 성도라고 부른 것은 그들이 "그리스도안에서 거룩하여 졌고, 거룩하여 가고" 있기 때문인 것이지 "성도"라는 말을 그저 형식으로 혹은 수사학적으로나 상징적으로 사용한 것이 아니다. 그러므로 고린도전서 1장 2절 말씀은 "거룩한 교회는 죄짓는 교회"라는 주장은 문제가 된다. 고린도 교회 안에 죄가 상존하고 있음을 (연장으로 현대 교회 안에 죄가 상존하고 있다는 것이) 정당화될 수 없는 것은 고린도전서 6장9-11절에서 명백하게 입증되고 있다 (갈 5:21. 엡 5:5). 그러면, "교회"는 완전히 "온전"한가? 그렇다. 물론 이 결론은 우리 눈에 보이는 "제도적 교회"나 "교회라는 이름의 건물"에 모이는 사람들을 의미하는 것은 아니다. 불가시적, 성서적 교회만을 뜻한다. 온전, 이것이 예수님의 뜻이다.

"그러므로 하늘에 계신 너희 아버지의 온전하심과 같이 너희도 온전하라"(마 5:48).

다음 내용은 "레위기 주석서"를 저술한 G. J. Wenhem 의 글의 인용이다.

"신약의 신학은 **거룩**이라는 개념을 완전하게 사용하고 있다. 모든 그리스도인들은 거룩하다. 대부분의 영어성경은 '성도'라고 기록하고 있다. 다시 말하면, 그들은 고대 이스라엘이 부름받은 것 같이, 하나님의 백성으로 부름을 받았다(골 1:2; 벧전 1:2; 2:9-10; cf. 출 19:5-6). 그러나 이 거룩의 상태는 거룩한 삶에 나타나야한다(골 1:22; 벧전 1:15). 성화는 성경교훈의 규범에 대한 순종을 통하여 표현된다(롬 6:17-19). 레위기에서는 율법에 대한 순종으로 나타난 것과 같다. 베드로는 그의 독자들에게 레위기의 모토를 그들의 모토로 삼을 것을 권고했다. '내가 거룩하니 너희도 거룩할찌어다 하셨느니라'(벧전 1:16). 하나님을 본받는 것이 신구약 성경의 윤리를 일치하게 하는 주제이다 (cf. 마 5:48; 고전 11:1)."

주님께서는, "가라, 이 복음을 땅 끝까지 전하라"고 하신 것이다. 교회는 마땅히 다른 복음이 아니라, 이 복음을 전해야할 것이다.

결론

1. 교회의 신적 신분에 대한 확인

골 2:9 "그 안에는 신성의 모든 충만이 육체로 거하시고"

벧후 1:4 이로써 그 보배롭고 지극히 큰 약속을 우리에게 주사 이 약속으로 말미암아 너희로 정욕을 인하여 세상에서 썩어질 것을 피하여 신의 성품에 참예 하는 자가 되게 하려 하셨으니

엡 1:10 "하늘에 있는 것이나 땅에 있는 것이 다 그리스도 안에서 [그리스도의 머리 아래, 혹은 그리스도를 머리로 하여] 재통일되게(ana-kephalaiomai) 하려 하심이라"

살전 4:7 "하나님이 우리를 부르심은 부정케 하심이 아니요 거룩케 하심이라"

"너희는 삼가 말하신 자를 거역하지 말라 땅에서 경고하신 자를 거역한 저희가 피하지 못하였거든 하물며 하늘로 좇아 경고하신 자를 배반하는 우리일까 보냐? 그 때에는 그 소리가 땅을 진동하였거니와 이제는 약속하여 가라사대 내가 또 한 번만 아니라 하늘도 진동하리라 하셨느니라. 이 또한 번이라 하심은 진동치 아니하는 것을 영존케 하기 위하여 진동할 것들 곧 만든 것들의 변동될 것을 나타내심이니라. 그러므로 우리가 진동치 못할 나라를 받았은즉 은혜를 받자. 이로 말미암아 경건함과 두려움으로 하나님

을 기쁘시게 섬길지니 우리 하나님은 소멸하는 불이심이니라"(히 12:25-29).

"믿음으로 에녹은 죽음을 보지 않고 옮기웠으니 하나님이 저를 옮기심으로 다시 보이지 아니 하니라 저는 옮기우기 전에 하나님을 기쁘시게 하는 자라 하는 증거를 받았느니라"(히 11:5).

"제사 직분이 변역한즉 율법도 반드시 변역하리니" (히 7:12).

구약의 성전과 신약의 교회는 "공존(共存)"이 아니라, 대체(代替)이거나, 혹은 하나는 완전히 제거되고, 하나는 영원히 남는 것을 의미한다.

결론은 온 우주 가운데 교회만 남는다. 우리가 알건 알지 못하건 간에 이것이 하나님의 계획이다.

2. 하나님의 신적 예비: 하나님께서는 이 지상 교회를 어떻게 예비하셨는가?

하나님께서는 이 지상교회가 하나님께서 주신 거룩함을 지키도록 어떻게 예비하셨는가? "고난"으로 예비하셨다. 영원한 계획을 (교회가 이 지상에 있는 동안에 만) 예수님께서는 다음과 같이 말씀하신다.

"내가 너희더러 종이 주인보다 더 크지 못하다 한 말을 기억하라 사람들이 나를 핍박하였은즉 너희도 핍박할 터이요 내 말을 지켰은즉 너희 말도 지킬 터이라"(요 15:20).

"이것을 너희에게 이름은 너희로 내 안에서 **평안을 누리게** 하려 함이라 **세상**에서는 **너희가 환난을 당하나** 담대하라. 내가 세상을 이기었노라 하시니라"(요 16:33). 성도란 세상에서는 환난을, 그리스도 안에서는 평안을 누릴 수 있는 사람들이다.

"제자들의 마음을 굳게 하여 이 믿음에 거하라 권하고 또 우리가 하나님 나라에 들어가려면 **많은 환난을 겪어야 할 것이라** 하고"(행 14:22)

"그리스도와 함께 영광을 받기 위하여 **고난도 함께** 받아야 할 것이니라"(롬 8:17b).

"그리스도를 위하여 너희에게 **은혜를 주신 것**은 다만 그를 믿을 뿐 아니라 또한 그를 위하여 **고난도 받게 하심이라**"(빌 1:29) [너희가 다만 그를 믿을 뿐 아니라, 또한 **그리스도를 위한 은혜로 주신 것은 고난이라**(고전 2:12. 하나님께서 우리에게 은혜로 주신 것을 알게 하려 함)]

"바로 이 시간까지 우리가 주리고 목마르며 헐벗고 매 맞으며 정처도 없고, 또 수고하여 친히 손으로 일하며 모욕을 당하나 축복하고 핍박을 당하나 참고, 비방을 받으나 기도하니 우리가 지금까지 세상의 더러운 것과 만물의 찌끼같이 되었도다" (고전 4:11-13).

"하나님 나라에 합당히 여기심을 받도록…**고난도 받는 것이라**"(살후 1:5)

"우리가 잠시 받는 환난의 가벼운 것이 지극히 크고 영원한 영광의 풍성한 것을 우리에게 이루게하시고 또 우리의 바라는 것은 보이는 것이 아니요 보이지 아니하는 것이니, 보이는 것은 잠간이나 보이지 아니하는 것은 영원함이니라"(고후 4:17-18).

"**복음과 함께 고난을 받으라**"(딤후 1:8).

"우리가 주와 함께 **죽으면**, 우리 또한 함께 살 것이요"(딤후 2:11).

"누구든지 그리스도 예수 안에서 경건하게 살고자 하는 자는 **핍박**을 받으리라"(딤후 3:12).

"저희는 잠시 자기의 뜻대로 우리를 징계하였거니와 오직 하나님은 우리의 유익을 위하여 그의 거룩하심에 참예케 하시느니라"(히 12:10).

"그리스도께서 이미 육체의 고난을 받으셨으니 너희도 같은 마음으로 갑옷을 삼으라 이는 육체의 **고난**을 받은 자가 죄를 그쳤음이니 [2] 그 후로는 다시 사람의 정욕을 좇지 않고 오직 하나님의 뜻을 좇아 육체의 남은 때를 살게 하려 함이라"(벧전 4:1-2).

"사랑하는 자들아 너희를 시련하려고 오는 **불시험**을 이상한 일 당하는 것같이 이상히 여기지 말고, 오직 너희가 <u>그리스도의 고난에 참예하는 것</u>으로 즐거워하라 이는 그의 영광을 나타내실 때에 너희로 즐거워하고 기뻐하게 하려 함이라"(벧전 4:12-13).

"너희 중 장로들에게 권하노니 나는 함께 장로된 자요 <u>그리스도의 고난의 증인</u>(μάρτυς[martus])이요 나타날 영광에 참예할 자로라"(벧전 5:1).

"모든 은혜의 하나님 곧 그리스도 안에서 너희를 부르사 자기의 영원한 영광에 들어가게 하신 이가 잠간 **고난을 받은 너희를 친히 온전케 하시며 굳게 하시며 강하게 하시며 터를 견고케 하시리라**"(벧전 5:10).

왜 하나님께서는 당신의 자녀들로 하여금 고난을 겪게 섭리하셨는가? 당연히 그들의 "거룩성"을 위한 예비인 것이다.

"너희가 참음은 징계를 받기 위함이라 하나님이 아들과 같이 너희를 대우 하시나니 어찌 아비가 징계하지 않는 아들이 있으리요 [8]징계는 다 받는 것이거늘 너희에게 없으면 사생자요 참 아들이 아니니라 [9]또 우리 육체의 아버지가 우리를 징계하여도 공경하였거늘 하물며 모든 영의 아버지께 더욱 복종하여 살려 하지 않겠느냐 [10]저희는 잠시 자기의 뜻대로 우리를 징계하였거니와 오직 하나님은 **우리의 유익을 위하여 그의 거룩하심에 참예케** 하시느니라"(히 12:7-10).

고난은 예수님 자신의 명령이고, 성화를 위한 처방이다.

마 5:10-12 "의를 위하여 **핍박을 받은 자는 복이 있나니** 천국이 저희 것임이라 [11]나를 인하여 너희를 욕하고 핍박하고 거짓으로 너희를 거스려 모든 악한 말을 할 때에는 너희에게 복이 있나니 [12]기뻐하고 즐거워하라 하늘에서 **너희의 상이 큼이라** 너희 전에 있던 선지자들을 이같이 핍박하였느니라."

그리스도인들에게 고난은 선택이 아니라 필수인 것이 분명하다. 필수적으로 고난을 겪게하는 것은 교인들 스스로가 자신이 가라지나 쭉정이인지, 혹은 알곡인지 분별하게 하는 뜻이 있는 것이 분명하다. 왜냐하면, "주여, 주여 하는 자마다 다 천국에 들어가는 것이 아니기" 때문이다.

고난은 빌 1:29에서 본 바와 같이 "하나님의 **은혜로** 주어진 것(ἐχαρίσθη[ekcharisthei])"이며, 그리스도인이 받는 고난은 "우연"도 아니고 "처벌(處罰)"도 아니다. 모든 중생한 그리스도인들에게는 당연히 받는 "하나님의 은혜"이다.

역사적으로 볼 때, 교회는 많은 고난을 주기적으로 겪어 왔다. 정치적 군사적 핍박이 주로 있었다. 그러나 현대교회는 "세속주의"라는 문화적 핍박이 위협하고 있다. 그러나 교회는 머지않아 "창세로부터 전에도 없었고, 후에도 없을" 대환난을 만나게 된다(마 24:21). 그때 많은 사람이 일어나 많은 사람을 미혹케 할 것이다. 교회는 반드시 이날을 대비해야 할 것이다.

3. 초대교회가 보이는 신약교회

[아래 내용은 필자의 "로마제국과 초대교회, 일본제국과 한국교회"에 수록된 내용의 일부이다.]

사도행전 2장에서 보인 교회의 탄생 때부터 콘스탄틴 로마 황제 때까지 초대교회는 적어도 10번 정도의 핍박을 겪었다. 각 황제마다 기독교를 핍박한 이유들이 각각 달랐던 것이 흥미롭다. 예를 들면, 최초의 핍박을 가한 네로황제는, 그의 광기(狂氣) 때문에 그리스도인들을 핍박하였다. 이 사실은 그리스도인들을 "인류의 혐오자들(haters of humankind)"로 간주함으로 기독교를 대단히 마땅치 않게 생각했던 로마 역사가 테시터스의 관찰이다. 네로의 광기가 어떤 수준이었던 것을 깨달을 수 있는 정보이다.

트레이전(98-117), 헤드리언(117-138), 안토니우스 파어어스(138-161) 황제 때의 핍박들은 모두 다 로마 제국의 "신들"에게 경배드리는 것을 거부한 기독교에 대한 핍박이었다. 두 주(主, Lords)를 섬길 수 없는 초대교회 성도들의 신앙을 인하여 받은 핍박이었다.

스토아 철학자였으며 명상록(瞑想錄)의 저자인, 로마의 5대 선군(善君) 중 한 사람이었던 마커스 오렐리어스 황제(161-180)의 핍박은 그리스도인들의 "완고함" 곧 "이성(理性)을 거스리는 비이성적(非理性的)" 신앙심에 대한 징벌로 핍박을 가하였다. 그처럼 높고 깊은 사상가였던 황제 오렐리어스도 기독교 신앙에는 "두 주인이 없다"는 사상을 미쳐 깨닫지 못했던 것이다.

셉티머스 세버러스(주후 193-211)

세버러스 황제는 전형적인 "군 병영(兵營)" 황제(barrack emperors) 중 한 사람으로 전쟁에 분주한 로마 황제였기 때문에 당연히 광대한 로마제국의 평화와 안정(peace and security)에 각별한 주의를 쏟았다. 그 결과 모든 소요(騷擾)의 대상으로 취급되었던 그리스도인들을 핍박하는데도 열심을 보인 사람이다. 국가의 법에 의해서 유대교나 기독교로 개종하는 것이 금지된 것은 이 번이 처음이라고 한다. 203년 그의 신하들 중 아첨하는 몇 사람들이 세버러서의 생일 축하선물로 그리스도인들의 피를 헌정한 것이다. 대 핍박이 발생했다. 퍼페튜아와 그의 여종 펠리시타라고 하는 두 젊은 여성도들이, 수 많은 순교자들 중, 그들의 이름이 남게 되었다. 그들은 손에 손을 잡고, 로마의 원형극장 광장에서 짐승에 받쳐 죽임을 당함으로 로마의 황제와 예수 그리스도를 공히 주(Lord, Kurios)로 섬길 수 없었기 때문에, 젊은 생명을 믿음의 대가로 바쳤다. 이 사건에 대하여 F. F. 부르스는 그리스도의 사랑 안에서 계급이 사라진 새로운 사회(교회)를 전 세계에 보인 위대한 장면으로 표현하였다(F. F. Bruce, The Spreading Flames. p. 180). 그러나 현대 교회에까지 큰 영향을 미치고 있는 대 핍박 사건은 3세기, 4세기의 데시어스 황제 핍박과, 디오클리션 황제 핍박이었다(250-305).

데시어스 황제 핍박(주후 250 년)

데시어스황제의 핍박은 로마 제국 전 주민들로부터 로마 신들에 대한 경배를 의무화 하는데서 출발하였다. 로마 제국 1,000년 기념을 성대하게 치루고자 원했던 그에게 도리어 로마제국 도처에서 침략과, 반란과, 홍수와, 온역으로 나라가 피곤하게 되었을 때 그는 로마 수호신들에 대한 재 헌신으로 복을 빌고자 했다. 다원주의 신앙에 익숙해 있었던 이방인들은 기꺼이 로마 신들에게 경배를 표했고, 그들의 신앙의 증거로 로마 황제의 상 앞에 향을 살랐다. 그리고 제헌증(祭獻證)을 발급받음으로 자유를 누리게 되었다(최덕성 교수의 "한국교회의 친일파 전통"을 참고 바람).

유일한 거부자들은 오직 그리스도인들이었다. 이들에게는 대 핍박이라는 비싼 대가를 지불해야 할 운명이 기다리고 있었다. 이 대 핍박의 결과로 순교자들이 생겨났다. 로마의 감독 파비아노, 안디옥 감독 바빌라스, 예루살렘 감독 알렉산더가 순교했다(순교자들). 씨프리언(Cyprian) 은 외국으로 피신하였다(피신자들). 로마의 신들과 황제의 화상 앞에 분향한 자들이 있었다

(분향자들). 많은 교인들이 **투옥되었다**(투옥성도들). 분향하지 않고 뇌물을 써서 제헌증을 얻어낸 자들(liberllatici) 곧 변절자들(lapsi) 들도 생겨났다('문화적' 신도들).

디어클리션 황제(284-305)의 마지막 핍박으로 초대교회의 로마 정부에 의한 핍박은 종막을 맞이한다. 그러나 이 비극의 대 핍박으로 수많은 생명과 재산이 파괴되었고, 투옥되었고, 사지절단 등 불구자가 되었다. 주후 약 286년 스위츠렌드 지역 주둔군 사령관 모리스 장군에게 황제의 칙서가 도달했다. 그리스도인들에 대한 대 핍박의 명령이다. 이미 그리스도인이 되었던 모리스 장군은 침착하게 자기의 계급장을 부하 장군에게 붙여주고, 그리스도 안에서 수 많은 형제자매와 함께 순교를 택했다(Francis Schaeffer, "How Should We Then Live?"). 가장 격심했던 이 핍박을 마지막으로 로마제국의 정부에 의한 핍박은 막을 내렸다.

이제 역사는 서서히 그 거대한 바퀴를 돌려 반대 방향으로 돌아가기 시작하였다. 무수한 역사의 사건 중 "발생하지 않았어야 할" 사건 중 하나라고 어느 역사학자가 말한 바, 콘스탄틴 황제의 소위 기독교 "개종"으로 시작된 역사이다.

그리스도인들이란 결단코 "두 주인"을 섬길 수 없는 (세상 사람들이 보기에) 편협한 사람들이다. 그러나 그들의 가치관과 인생관은 가장 바르게 정립된 사람들이다. 과연 그러한가?

요 12:25에서, "자기 생명을 사랑하는 자는 잃어버릴 것이요 이 세상에서 자기 생명을 미워하는 자는 영생하도록 보존하리라"는 말씀을 본다.

우리는 나이들어 늙어 갈 수록 이 세상에서 자기를 미워하기는커녕 더

욱더 자기를 사랑해 가는 모습을 끊임없기 보면서 살아가고 있다. 남들이나, 후배들이 내 이름을 좀 더 많이 언급해 주기를 바라고, 좀 더 많이 초청해 주기도 바라고, 좀 더 많은 사람들이 잘 계시냐고 문안해 주기도 바라고. …나에 대한 사랑이 한이 없다. 그리고 둘러 앉으면, "나의" 이 얘기에만 분주하다가 다른 사람이 말을 시작하면, 이제 가 보아야 하겠다고 자리에서 일어선다.

사람들에게 가르쳐 오기는 "하나님이여, 내 마음의 묵상과 내 입술의 말이 주께 열납되기를 바라나이다라고 간구해야 합니다"라고 열변을 토했음에도 불구하고, 내 마음을 들여다 보면, 별로 하나님께 열납 될 것 같지도 않고, 내 입술의 말이 그렇게 정직하지도 못한 모습을 항상 보고 산다. 예수님께서 죽이라는 것은 항상 살아있고, 살려야 한다고 하는 것은 항상 시야에 아물 아물하게 보일 뿐이다. 우리의 겉 사람을 후패해 갈지라도 속은 날로 새로워져가는 때는 언제나 올 것인지 막연히 기대하며…노안(老眼)만 그저 흐려갈 뿐이다.

그러나 그리스도인들에게 주님의 말씀은 여전히 폭포와 같고, 폭풍과 같고, 우뢰와 같다. 우리는 기독교의 핵심이 "십자가"인 것을 안다. 물론 "주 예수 그리스도"의 십자가이다. 또한 우리의 십자가이기도 하다.

[38]또 자기 십자가를 지지 않고 나를 좇는 자도 내게 합당치 아니하니라 [39]자기 목숨을 얻는 자는 잃을 것이요 나를 위하여 자기 목숨을 잃는 자는 얻으리라(마 10:38-39).

²⁴이에 예수께서 제자들에게 이르시되 아무든지 나를 따라 오려거든 자기를 부인하고 자기 십자가를 지고 나를 좇을 것이니라 ²⁵누구든지 제 목숨을 구원코자 하면 잃을 것이요 누구든지 나를 위하여 제 목숨을 잃으면 찾으리라(마 16:24-25).

³⁴무리와 제자들을 불러 이르시되 아무든지 나를 따라 오려거든 자기를 부인하고 자기 십자가를 지고 나를 좇을 것이니라 ³⁵누구든지 제 목숨을 구원코자 하면 잃을 것이요 누구든지 나와 복음을 위하여 제 목숨을 잃으면 구원하리라(막 8:34-35).

²³또 무리에게 이르시되 아무든지 나를 따라 오려거든 자기를 부인하고 날마다 제 십자가를 지고 나를 좇을 것이니라 ²⁴누구든지 제 목숨을 구원코자 하면 잃을 것이요 누구든지 나를 위하여 제 목숨을 잃으면 구원하리라 ²⁵사람이 만일 온 천하를 얻고도 자기를 잃든지 빼앗기 든지 하면 무엇이 유익하리요(눅 9:23-25).

²⁶무릇 내게 오는 자가 자기 부모와 처자와 형제와 자매와 및 자기목숨까지 미워하지 아니하면 능히 나의 제자가 되지 못하고 ²⁷누구든지 자기 십자가를 지지 않고 나를 좇는 자도 능히 나의 제자가 되지 못하리라(눅 14:26-27).

³³무릇 자기 목숨을 보존하고자 하는 자는 잃을 것이요 잃는 자는 살리

리라 (눅 17:33).

²⁵자기 생명을 사랑하는 자는 잃어버릴 것이요 이 세상에서 자기 생명을 미워하는 자는 영생하도록 보존하리라 ²⁶사람이 나를 섬기려면 나를 따르라 나 있는 곳에 나를 섬기는 자도 거기 있으리니 사람이 나를 섬기면 내 아버지께서 저를 귀히 여기시리라(요 12:25-26).

복음서에서만 적어도 12번에 걸쳐 같은 내용을 반복하고 있다. 예수님께서 그렇게 말씀했을 것이 분명하다. NIV Study Bible은 "예수님의 말씀 중에서 이보다 더 강조된 말씀은 없다"고 기록되어 있음을 본다.

4. 말씀에 비추어본 나의 현실은

"이 세상과 이 세상에 있는 것들을 사랑하면 그 안에 아버지의 사랑이 없다"는 진리를 열을 올려 설교해 왔지만, 내 안에 여전히 "세상 사랑"이 (영광의 추구, 교만, 혈과 육의 성갈, 염려, 근심, 불안, 시기, 혐오, 분노 등) 쌓여있음을 본다.

우리가 다 은혜로 구원을 받았다. 이 은혜에 합당한 삶에 이르지 못하기 때문에 밤이 깊은 시간이면 십자가 앞에 나와 무릎을 꿇고, 이제는 눈물도 마음도 다 말라버렸지만, 오직 믿음으로 한 방울의 은혜를 구하고 감사로 눈시울을 적시며 하루를 마친다.

그러나 점도 없고 흠도 없이 주님의 존안을 뵙게될 그 날을 바라보며 육신을 쳐서 복종케하는 신앙을 포기하지 않고 산다. 비록 전투는 계속되고

전장에서 몸은 지치고 고갈되었다 할지라도, 좌로나 우로나 치우치지 않고 피곤한 손과 연약한 무릎을 일으켜 세우고 저는 다리로 어그러지지 않고 고침을 받게 곧은 길을 만들어, 그러한 사람들과 함께, 걸어가고 있다. 이러한 사람들의 모임이 곧 주 예수 그리스도의 몸된 교회이다. 우리 다, 이 영광의 교회를 빛나고 복되게 하자. 우리는 뒤로 물러가서 침륜에 빠질 자들이 아니기 때문이다.

다음 글은 Ray Stedman(1917-1992)의 "최고의 목적"이라는 제목의 설교 요약이다.

본문: 엡 4:13-15.

위의 본문에서 우리는 전 인류를 위한 하나님의 위대하고 원대한 전략의 목표와 목적을 바울이 어떻게 진술하고 있는가를 발견하게 된다. 여기서 바울은 두 번이나 우리의 신앙생활의 궁극적 목표를 진술하고 있다. 그것은 (그 목표는) 그리스도인으로서 우리의 진보를 측정하는 척도에 관한 것이다. 13절에서 바울은, 그 목표는 우리 각자가 그리스도의 장성한 분량에 이르는 것이라고 말하고있다. 15절에서 바울은 우리가 범사에 머리 되시는 그리스도에게까지 자라가야 할 것이라고 진술한다.

중요한 것은 교회의 최고 목적은 세계를 복음화 하는데 있는 것이 아니라는 것을 깨달아야 하는 것이다. 흔히 우리는 대사명(大使命, Great Commission)이 교회의 최고 목표와 목적인 양 강조되는 것을 목도한다. 물론 그것은 교회의 필수적 임무인 것은 사실이다. 예수님은 분명하게 모든 열방에게 복음 전파의 사명을 부여하셨다(마 28:19). 그러나 그 대사명이 하나님의 궁극적 목표는 아니다. 로마서 8장 29절 말씀에서 하나님의 궁극적 계획은 우리들이 하나님의 아들의 형상을 닮아가는 것이라고 기록하고 있다.

복음 전파는 인간을 하나님과의 바른 관계 안으로 인도해 오는 데 그 목적이 있다. 그리함으로 인간이 그들의 삶 가운데서 그리스도의 모습(Christlikeness)이 이루어지는 것, 곧 그들을 향한 하나님의 궁극적 목적을 달성하기 위한 수단이 복음 전파이다. 바울은 또한 여기에서 세계평화나 전 인류의 공의(公義, Justice)를 달성하는 것에 대해서 말하고 있는 것도 아니다. 그는 또한 교회가 천년왕국을 이끌어 올 것이라는 것에 대해서 말하고 있는 것도 아니다.

우리들은 선지자들이 보아온 저 위대한 환상, 곧 온 땅에 평화가 오는 날을 믿을 수도 있으며, 칼을 쳐서 쟁기를 만들고 다시는 전쟁이 없는 날이 올 것에 대해서도 믿을 수 있다. 언젠가는 반드시 의(義, Righteousness)가 온 땅에 충만하게 될 것이며 오늘날 대중매체에서 끊임없이 보도되고 있는 불의와, 각종 비극과 전쟁, 대량학살, 테러, 범죄, 인종차별, 기타 혐오 등이 잊혀지게 되는 날이 반드시 올 것이다. 그러나 이것이 교회의 존재를 위한 최종 목표는 아니다. 교회의 목표는 그리스도의 인격을 반영하는 남녀를 생산하는데 있다. 하나님께서 바라는 것은 흰옷을 입은 성자들로 가득 찬 교회가 아니다. 하나님은 신학적 권위자들이나 세련된 교역자들로 가득 찬 교회를 원하시는 것도 아니다. 하나님은 오직 교회가 비상(非常)하게 정직하고, 온건

하고, 건전하고, 긍휼한 마음의, 개성적이며, 담대하고, 의로우며, 열심을 품고, 사랑하며, 용서하고, 자기유익을 구하지 않고, 예수그리스도께만 충성을 다하는 평범(平凡)한 사람들로 가득 찬 교회를 원하시는 분이다.

주님, 우리를 향한 주님의 첫 번째되는 목표, 곧 예수님의 모습을 보이며, 예수님처럼 살아가는 자들로 만드시기 원하는 그 목표를 우리가 항상 기억하게 하옵소서.